# French

# Picture Dictionary

D0573269

 ¡Celebremos!
El dia de los niños/El dia de los libros

Funded by an LSTA grant from the Nevada State Library and Archives through the Institute of Museum and
Library Services. The Institute's mission is to create strong libraries and museums that connect people to
information and ideas.

# French
## Picture Dictionary

**Berlitz Publishing**

**New York   Munich   Singapore**

Contacting the Editors
Every effort has been made to provide accurate information in this
publication, but changes are inevitable. The publisher cannot be responsible
for any resulting loss, inconvenience or injury. We would appreciate it if
readers would call our attention to any errors or outdated information by
contacting Berlitz Publishing, 193 Morris Ave., Springfield, NJ 07081, USA.
Fax: 1-908-206-1103, email: comments@berlitzbooks.com

Cover illustration by Chris L. Demarest
Interior illustrations by Chris L. Demarest (pages 3, 5, 7-9, 12-23, 26-43,
46-51, 54-67, 70-75, 78-85, 88-107, and 110-119)
Anna DiVito (pages 24, 25, 52, 53, 76, 77, 86, 87, and 120-123)
Claude Martinot (pages 10, 11, 44, 45, 68, 69, 108, and 109)

Fourth Printing
Printed in China by CTPS, July 2010.

# Dear Parents,

*The Berlitz Kids™ Picture Dictionary will create hours of fun and productive learning for you and your child. Children love sharing books with adults, and reading together is a natural way for your child to develop second-language skills in an enjoyable and entertaining way.*

*In 1878, Professor Maximilian Berlitz had a revolutionary idea about making language learning accessible and fun. These same principles are still successfully at work today. Now, more than a century later, people all over the world recognize and appreciate his innovative approach. Berlitz Kids™ combines the time-honored traditions of Professor Berlitz with current research to create superior products that truly help children learn foreign languages.*

*Berlitz Kids™ materials let your child gain access to a second language in a positive way. The content and vocabulary in this book have been carefully chosen by language experts to provide basic words and phrases that form the foundation of a core vocabulary. In addition, the book will delight your child, since each word is used in an amusing sentence in both languages, and then illustrated in an engaging style. The pictures are a great way to capture your child's attention!*

*You will notice that most words are listed as separate entries. Every so often, though, there is a special page that shows words grouped together by theme. For example, if your child is especially interested in animals, he or she will find a special Animals page with lots of words and pictures grouped there—in both English and the foreign language. In addition, to help your child with phrases used in basic conversation, you and your child may want to look at the back of the book, where phrases about such things as meeting new people and a family dinner can be found.*

*The Berlitz Kids™ Picture Dictionary has an easy-to-use index at the back of the book. This index lists the words in alphabetical order in the second language, and then gives the English translation, and the page number where the word appears in the main part of the book.*

*We hope the Berlitz Kids™ Picture Dictionary will provide you and your child with hours of enjoyable learning.*

*The Editors at Berlitz Kids™*

## a/an
## un/une

A sandwich and an apple are the cat's lunch.

**Pour son déjeuner, le chat a un sandwich et une pomme.**

## across
## en face

The fork is across from the spoon.

**La fourchette est en face de la cuillère.**

## to add
## additionner

I like to add numbers.

**J'aime additionner les nombres.**

## adventure
## l'aventure

What an adventure!

**Quelle aventure!**

## afraid
## peur

The elephant is afraid.

**L'éléphant a peur.**

## after
## après

She eats an apple after lunch.

**Elle mange une pomme iaprès le déjeuner.**

## again
## encore

She jumps again and again.

**Elle saute encore et encore.**

## to agree
## se mettre d'accord

They need to agree.

**Ils doivent se mettre d'accord.**

## air
## l'air

A balloon is full of air.

**Un ballon est plein d'air.**

## airplane   *See Transportation (page 108).*
## l'avion   *Voir Les transports (page 108).*

## airport
## l'aéroport

Airplanes land at
the airport.

**Les avions
atterrissent
à l'aéroport.**

## all
## toutes

All the frogs
are green.

**Toutes les
grenouilles
sont vertes.**

## alligator   *See Animals (page 10).*
## l'alligator   *Voir Les animaux (page 10).*

## almost
## presque

He can almost
reach it.

**Il arrive
presque
à le toucher.**

## along
## le long

There are birds
along the path.

**Il y a des oiseaux
le long du chemin.**

## already
## déjà

He already
has a hat.

**Il a déjà
un chapeau.**

## and
## et

I have two sisters
and two brothers.

**J'ai deux
soeurs et
deux frères.**

## to answer
## répondre

Who wants to answer
the question?

**Qui veut
répondre à
la question?**

**ant**  *See Insects (page 52).*
**la fourmi**  *Voir Les insectes (page 52).*

**apartment**
**l'appartement**

He is in the apartment.

**Il est dans l'appartement.**

**apple**
**la pomme**

The apple is falling.

**La pomme tombe.**

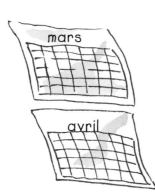

**April**
**avril**

The month after March is April.

**Le mois qui suit mars est avril.**

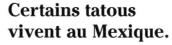

**arm**  *See People (page 76).*
**le bras**  *Voir Les gens (page 76).*

**armadillo**
**le tatou**

Some armadillos live in Mexico.

**Certains tatous vivent au Mexique.**

**around**
**autour**

Someone is walking around the stool.

**Quelqu'un marche autour du tabouret.**

**art**
**l'art**

Is it art?

**Est-ce de l'art?**

**as**
**aussi**

He is as tall as a tree!

**Il est aussi grand qu' un arbre!**

# Animals
# Les animaux

kangaroo
**le kangourou**

monkey
**le singe**

lion
**le lion**

elephant
**l'éléphant**

bear
**l'ours**

giraffe
**la girafe**

jaguar
**le jaguar**

llama
**le lama**

alligator
**l'alligator**

snake
**le serpent**

hippopotamus
**l'hippopotame**

fox
**le renard**

cow
**la vache**

horse
**le cheval**

rooster
**le coq**

goat
**la chèvre**

chicken
**la poule**

rabbit
**le lapin**

sheep
**le mouton**

pig
**le cochon**

fish
**le poisson**

duck
**le canard**

frog
**la grenouille**

### to ask
### demander

It is time to ask, "Where are my sheep?"

**Il est temps de demander: — Où sont mes moutons?**

### at
### à

The cat is at home.

**Le chat est à la maison.**

**attic**  *See Rooms in a House (page 86).*
### le grenier  *Voir Les pièces d'une maison (page 86).*

### August
### août

The month after July is August.

**Le mois qui suit juillet est août.**

### aunt
### la tante

My aunt is my mom's sister.

**Ma tante est la soeur de ma maman.**

### awake
### réveillé

The duck is awake.

**Le canard est réveillé.**

### away
### s'en aller

The cat is going away.

**Le chat s'en va.**

**baby**
## le bébé

The baby likes
to eat bananas.

**Le bébé aime
manger des bananes.**

**back**
## le dos

She is scratching
his back.

**Elle lui gratte
le dos.**

**bad**
## méchant

What a bad,
bad monster!

**Quel méchant,
méchant monstre!**

**bag**
## le sac

The bag is full.

**Le sac est plein.**

**bakery**
## la boulangerie

Everything at
the bakery smells great!

**Tout sent tellement
bon à la boulangerie!**

**ball**
## la balle

Can he catch
the ball?

**Peut-il attraper
la balle?**

**balloon**
## le ballon

It is a balloon!

**C'est un ballon!**

**banana**
## la banane

The bananas
are in the bowl.

**Les bananes sont
dans le compotier.**

**band**
## l'orchestre

The band is loud.

**L'orchestre
est bruyant.**

**bandage**
## le pansement

She has a bandage
on her knee.

**Elle a un pansement
sur le genou.**

**piggy bank**
# la tirelire

Put your money
into the piggy bank!

**Mets ton argent
dans la tirelire!**

**barber**
# le coiffeur

The barber
cuts my hair.

**Le coiffeur me
coupe les cheveux.**

**to bark**
# aboyer

Dogs like to bark.
**Les chiens
aiment aboyer.**

**baseball**  *See Games and Sports (page 44).*
# le base-ball  *Voir Les jeux et les sports
(page 44).*

**basement**  *See Rooms in a House (page 86).*
# le sous-sol  *Voir Les pièces d'une maison
(page 86).*

**basket**
# le panier

What is in
the basket?

**Qu'est-ce qu'il y
a dans le panier?**

**basketball**  *See Games and Sports (page 44).*
# le basket-ball  *Voir Les jeux et les sports
(page 44).*

**bat**
# la chauve-souris

The bat is sleeping.

**La chauve-souris dort.**

**bat**
# la batte

Hit the ball
with the bat!

**Frappe la balle
avec la batte!**

**bath**
# le bain

She is taking
a bath.

**Elle prend un bain.**

**bathroom**  *See Rooms in a House (page 86).*
# la salle de bain  *Voir Les pièces d'une
maison (page 86).*

**to be**
# être

Would you like
to be my friend?

**Veux-tu être
mon ami?**

## beach
## la plage

I like to play
at the beach.

**J'aime jouer à
la plage.**

## beans
## les haricots

He likes to eat beans.

**Il aime manger
des haricots.**

## bear  *See Animals (page 10).*
## l'ours  *Voir Les animaux (page 10).*

## beautiful
## beau

Look at the
beautiful things.

**Regarde les
belles choses.**

## because
## parce que

She is wet
because it is raining.

**Elle est mouillée
parce qu'il pleut.**

## bed
## le lit

The bed is next
to the table.

**Le lit est à côté
de la table.**

## bedroom  *See Rooms in a House (page 86).*
## la chambre à coucher
*Voir Les pièces d'une maison (page 86).*

## bee  *See Insects (page 52).*
## l'abeille  *Vois Les insectes (page 52).*

## beetle  *See Insects (page 52).*
## le scarabée  *Vois Les insectes (page 52).*

## before
## avant

Put on your socks
before you put on
your shoes.

**Mets tes chaussettes
avant de mettre
tes chaussures.**

## to begin
## commencer

She wants to begin
the painting.

**Elle veut
commencer à
peindre.**

**behind**
## derrière

The boy is
behind the tree.

**Le garçon est
derrière l'arbre.**

**best**
## mieux

The red box
is the best.

**La boîte rouge
est la meilleure.**

**to believe**
## croire

This is too
good to believe.

**C'est trop
beau pour
y croire.**

**better**
## mieux que

The belt is better
than the pin.

**La ceinture est
mieux que l'épingle
de sûreté.**

**bell**
## la clochette

Don't ring that bell!

**Ne sonne pas
cette clochette!**

**between**
## entre

He is between
two trees.

**Il est entre
deux arbres.**

**belt**  *See Clothing (page 24).*
## la ceinture  *Voir Les vêtements (page 24).*

**bicycle**  *See Transportation (page 108).*
## la bicyclette  *Voir Les transports
(page 108).*

**berry**
## la baie

Those berries
look good.

**Ces baies ont
l'air bonnes.**

**big**
## gros

He is very big.

**Il est très gros.**

## biking
### faire de la bicyclette
*See Games and Sports (page 44).*
*Voir Les jeux et les sports (page 44).*

## bird
### l'oiseau
The bird is flying south for the winter.

**L'oiseau s'envole au sud pour l'hiver.**

## birthday
### l'anniversaire
Happy birthday!

**Joyeux anniversaire!**

## black
### noir
*See Numbers and Colors (page 68).*
*Voir Les nombres et les couleurs (page 68).*

## blank
### vierge
The pages are blank.

**Les pages sont vierges.**

## blanket
### la couverture
What is under that blanket?

**Qu'est-ce qu'il y a sous la couverture?**

## blouse
### le chemisier
*See Clothing (page 24).*
*Voir Les vêtements (page 24).*

## to blow
### souffler
The wind is starting to blow.

**Le vent commence à souffler.**

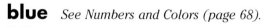

## blue
### bleu
*See Numbers and Colors (page 68).*
*Voir Les nombres et les couleurs (page 68).*

## boat
### le bateau
*See Transportation (page 108).*
*Voir Les transports (page 108).*

## book
### le livre
I am reading a book.

**Je lis un livre.**

## bookstore
### la librairie
You can buy a book at a bookstore.

**Tu peux acheter un livre à la librairie.**

**boots** *See Clothing (page 24).*
**les bottes** *Voir Les vêtements (page 24).*

**bottle**
## la bouteille

The straw is in
the bottle.

**La paille est dans
la bouteille.**

**bowl**
## le bol

Some food is still
in the bowl.

**Il reste de la
nourriture dans le bol.**

**bowling** *See Games and Sports (page 44).*
## le bowling
*Voir Les jeux et les sports
(page 44).*

**box**
## la boîte

Why is that fox
in the box?

**Pourquoi ce renard
est-il dans la boîte?**

**boy**
## le garçon

The boys
are twin brothers.

**Les garçons sont
frères jumeaux.**

**branch**
## la branche

Oh, no! Get off
that branch!

**Oh, non! Descends
de cette branche!**

**brave**
## courageux

What a brave
mouse!

**Quelle souris
courageuse!**

**bread**
## le pain

He likes bread with
jam and butter.

**Il aime le pain avec de
la confiture et du beurre.**

**to break**
## casser

It is easy to
break an egg.

**Il est facile de
casser un oeuf.**

**breakfast**
## le petit déjeuner

Morning is the time
for breakfast.

**Le matin est l'heure
du petit déjeuner.**

## bridge
## le pont

The boat is under the bridge.

**Le bateau est sous le pont.**

## to bring
## amener

She wants to bring the lamb to school.

**Elle veut amener l'agneau à l'école.**

## broom
## le balai

A broom is for sweeping.

**Un balai sert à balayer.**

## brother
## le frère

He is my brother.

**Il est mon frère.**

**brown** *See Numbers and Colors (page 68).*

**marron** *Voir Les nombres et les couleurs (page 68).*

## brush
## la brosse
## à cheveux

I need my hairbrush.

**J'ai besoin de ma brosse à cheveux.**

## bubble
## la bulle

The bathtub is full of bubbles.

**La baignoire est pleine de bulles.**

## bug
## l'insecte

Do you know the name of this bug?

**Connais-tu le nom de cet insecte?**

## to build
## fabriquer

I want to build a box.

**Je veux fabriquer une boîte.**

**bus** *See Transportation (page 108).*
**l'autobus** *Voir Les transports (page 108).*

## bush
## le buisson

A bird is in
the bush.

**Il y a un oiseau
dans le buisson.**

## busy
## occupé

He is very busy.

**Il est très occupé.**

## but
## mais

The pencil is on the
table, but the book
is on the chair.

**Le crayon est sur
la table, mais le livre
est sur la chaise.**

## butter
## le beurre

Bread and butter
taste good.

**Le pain et le
beurre ont bon goût.**

**butterfly** *See Insects (page 52).*
**le papillon** *Voir Les insectes (page 52).*

## button
## le bouton

One button is
missing.

**Il manque
un bouton.**

## to buy
## acheter

He wants to
buy a banana.

**Il veut acheter
une banane.**

## by
## à côté

She is standing
by the cheese.

**Elle est debout à
côté du fromage.**

## cage
### la cage

The bird is
on the cage.

**L'oiseau est sur
la cage.**

## cake
### le gâteau

She likes to
eat cake.

**Elle aime manger
du gâteau.**

## to call
### téléphoner

Remember to call
me again later.

**N'oublie pas de
me téléphoner
plus tard.**

## camel
### le chameau

The camel is hot.

**Le chameau
a chaud.**

## camera
### l'appareil photo

Smile at the
camera!

**Souris à l'appareil
photo!**

## can
### la boîte de conserve

What is in
that can?

**Qu'est-ce qu'il y a
dans cette boîte de
conserve?**

## candle
### la bougie

She is lighting
the candle.

**Elle allume
la bougie.**

## candy
### les bonbons

Candy is sweet.

**Les bonbons
sont sucrés.**

## cap   *See Clothing (page 24).*
### la casquette   *Voir Les vêtements (page 24).*

**car** *See Transportation (page 108).*
## la voiture

*Voir Les transports (page 108).*

### card
## la carte

Do you want
to play cards?

**Veux-tu jouer
aux cartes?**

### to care
## soigner

Her job is to
care for pets.

**Son travail est
de soigner les
animaux.**

### carpenter
## le charpentier

A carpenter makes
things with wood.

**Un charpentier
fabrique des objets
avec du bois.**

### carrot
## la carotte

A carrot is orange.

**Une carotte est orange.**

### to carry
## porter

He carries a big bag.

**Il porte un grand
sac.**

### castanets
## les castagnettes

Click the castanets
to the music!

**Joue des
castagnettes au son
de la musique!**

### castle
## le château

The king lives
in a castle.

**Le roi habite
dans un château.**

### cat
## le chat

The cat sees
the mouse.

**Le chat voit
la souris.**

**caterpillar** *See Insects (page 52).*
**la chenille** *Voir Les insectes (page 52).*

### to catch
### attraper

He runs to catch
the ball.

Il court pour
attraper le ballon.

### cave
### la grotte

Who lives in the cave?

Qui habite dans
la grotte?

### to celebrate
### célébrer

They celebrate
his birthday.

Ils célébrent son
anniversaire.

### chair
### la chaise

He is sitting
on a chair.

Il est assis sur
une chaise.

### chalk
### la craie

You can write
with chalk.

On peut écrire avec
de la craie.

### to change
### changer

He wants to change
his shirt.

Il veut changer
sa chemise.

### to cheer
### acclamer

It is fun to cheer
for our team.

C'est amusant
d'acclamer notre
équipe.

### cheese
### le fromage

The mouse likes
to eat cheese.

La souris
aime manger
du fromage.

Clothing
# Les vêtements

vest
**le gilet**

hat
**le chapeau**

raincoat
**l'imperméable**

cap
**la casquette**

earmuffs
**le cache-oreilles**

shirt
**la chemise**

tie
**la cravate**

jacket
**la veste**

belt
**la ceinture**

pants
**le pantalon**

gloves
**les gants**

socks
**les chaussettes**

sneakers
**les chaussures de sport**

dress
**la robe**

coat
**le manteau**

mittens
**les moufles**

boots
**les bottes**

blouse
**le chemisier**

sweater
**le tricot**

scarf
**l'écharpe**

skirt
**la jupe**

shoes
**les chaussures**

shawl
**le châle**

25

## cherry
### la cerise

He wants
a cherry.

**Il veut une cerise.**

## chicken  *See Animals (page 10).*
### la poule  *Voir Les animaux (page 10).*

## child
### l'enfant

She is a
happy child.

**Elle est une enfant
heureuse.**

## chocolate
### le chocolat

He likes chocolate.

**Il aime le chocolat.**

## circle
### le cercle

It is drawing
a circle.

**Il dessine
un cercle.**

## circus
### le cirque

There are clowns
at a circus.

**Il y a des clowns
au cirque.**

## city
### la ville

This cow does not
live in the city.

**Cette vache n'habite
pas en ville.**

## to clap
### applaudir

He likes to clap
when he is happy.

**Il aime applaudir
quand il est content.**

## class
### la classe

There is an elephant
in my class.

**Il y a un éléphant
dans ma classe.**

## classroom
### la salle de classe

A teacher works in a classroom.

**Un maître d'école travaille dans une salle de classe.**

## clean
### propre

The car is very clean.

**La voiture est très propre.**

## to clean
### nettoyer

He is starting to clean his room.

**Il commence à nettoyer sa chambre.**

## to climb
### grimper

The bear likes to climb the tree.

**L'ours aime grimper dans l'arbre.**

## clock
### le réveil

A clock tells time.

**Un réveil donne l'heure.**

## close
### près

The turtle is close to the rock.

**La tortue est près de la roche.**

## to close
### fermer

He is going to close the window.

**Il s'apprête à fermer la fenêtre.**

## closet   *See Rooms in a House (page 86).*
### le placard   *Voir Les pièces d'une maison (page 86).*

## cloud
### le nuage

The sun is behind the cloud.

**Le soleil est derrière le nuage.**

## clown
## le clown

The clown
is funny.

**Le clown est drôle.**

## coat   *See Clothing (page 24).*
## le manteau   *Voir Les vêtements (page 24).*

## cold
## froid

It is cold
in here!

**Il fait froid ici!**

## comb
## le peigne

Where is
my comb?

**Où est mon peigne?**

## to comb
## peigner

He likes to comb
his hair.

**Il aime se
peigner les poils.**

## to come
## venir

Come over here!

**Venez ici!**

## computer
## l'ordinateur

She is working at
her computer.

**Elle travaille à
son ordinateur.**

## to cook
## cuisiner

It is fun to cook.

**C'est amusant
de cuisiner.**

## cookie
## le biscuit

Mary wants a cookie.

**Marie veut
un biscuit.**

## to count
## compter

There are too many
stars to count.

**Il y a beaucoup trop
d'étoiles pour
les compter.**

**country**
## la campagne

The country is beautiful.

**La campagne est belle.**

**cow** *See Animals (page 10).*
## la vache *Voir Les animaux (page 10).*

**crayon**
## le crayon pastel

She is drawing with her crayons.

**Elle dessine avec ses crayons pastel.**

**cricket** *See Games and Sports (page 44).*
## le jeux de cricket
*Voir Les jeux et les sports (page 44).*

**cricket** *See Insects (page 52).*
## le grillon *Voir Les insectes (page 52).*

**crowded**
## bondé

This elevator is crowded.

**Cet ascenseur est bondé.**

**to cry**
## pleurer

Try not to cry!

**Essaye de ne pas pleurer!**

**cup**
## la tasse

He is drinking water from the cup.

**Il boit l'eau de la tasse.**

**to cut**
## couper

Use a knife to cut the carrots!

**Utilise un couteau pour couper les carottes!**

**cute**
## mignon

She thinks her baby is cute.

**Elle pense que son bébé est mignon.**

# D

### dad
### le papa

My dad and
I look alike.

**Mon papa et moi
nous ressemblons.**

### to dance
### danser

The pig likes to dance
and play the drum.

**Le cochon aime
danser et jouer
du tambour.**

### danger
### le danger

He is in danger.

**Il est en danger.**

### dark
### noir

It is dark at night.

**Il fait noir la nuit.**

### day
### le jour

The sun shines in the day.

**Le soleil brille
pendant le jour.**

### December
### décembre

The month after
November is December.

**Le mois qui suit
novembre est
décembre.**

### to decide
### se décider

It is hard to decide.

**C'est dur de
se décider.**

### decision
### la décision

That is a good
decision.

**C'est une bonne
décision.**

### deck    *See Rooms in a House (page 86).*
### la terrasse    *Voir Les pièces d'une maison
(page 86).*

### decorations
### les décorations

The decorations
look great!

**Les décorations ont
l'air réussies!**

## deer
## le cerf

The deer is running in the woods.

**Le cerf court dans les bois.**

## dentist
## la dentiste

The dentist has a big job.

**La dentiste a un gros travail.**

## department
## le rayon

This is the hat department.

**C'est le rayon des chapeaux.**

## desk
## le bureau

The desk is very messy.

**Le bureau est très en désordre.**

## different
## différent

The one in the middle is different.

**Celui du milieu est différent.**

## difficult
## difficile

This is difficult!

**C'est difficile!**

## to dig
## creuser

A dog uses its paws to dig.

**Un chien utilise ses pattes pour creuser.**

## dining room    *See Rooms in a House (page 86).*
## la salle à manger

*Voir Les pièces d'une maison (page 86).*

## dinner
## le dîner

We have dinner at 6 o'clock.

**Nous dînons à six heures.**

## dinosaur
## le dinosaure

The dinosaur is having fun.

**Le dinosaure s'amuse.**

## dirty
### sale

The pig is dirty.

**Le cochon est sale.**

## dish
### la vaisselle

Do not drop the dishes!

**N'échappe pas la vaisselle!**

## to do
### faire

He has a lot to do.

**Il a beaucoup à faire.**

## doctor
### le docteur

The doctor checks the baby.

**Le docteur examine le bébé.**

## dog
### le chien

The dog has a funny hat.

**Le chien a un drôle de chapeau.**

## doll
### la poupée

The doll is in a box.

**La poupée est dans une boîte.**

## dolphin
### le dauphin

Dolphins live in the sea.

**Les dauphins vivent dans la mer.**

## donkey
### l'âne

The donkey is sleeping.

**L'âne dort.**

## door
### la porte

What is behind the door?

**Qu'y a-t-il derrière la porte?**

## down
### descendre

The elevator is going down.

**L'ascenseur descend.**

## dragon
## le dragon

The dragon is cooking lunch.

**Le dragon prépare le déjeuner.**

## to draw
## dessiner

He likes to draw.

**Il aime dessiner.**

## drawing
## le dessin

Look at my drawing!

**Regarde mon dessin!**

**dress** *See Clothing (page 24).*
**la robe** *Voir Les vêtements (page 24).*

## to drink
## boire

She likes to drink milk.

**Elle aime boire du lait.**

## to drive
## conduire

He is too small to drive.

**Il est trop petit pour conduire.**

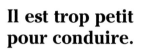

## to drop
## échapper

He is going to drop the pie.

**Il va échapper la tarte.**

## drum
## le tambour

He plays the drum.

**Il joue du tambour.**

## dry
## sèche, sec

The shirt is dry.

**La chemise est sèche.**

**duck** *See Animals (page 10).*
**le canard** *Voir Les animaux (page 10).*

## dust
## la poussière

There is dust under the bed.

**Il y a de la poussière sous le lit.**

**each**
## chaque

Each snowflake
is different.

## Chaque flocon de neige est différent.

**ear** *See People (page 76).*
## l'oreille *Voir Les gens (page 76).*

**early**
## tôt

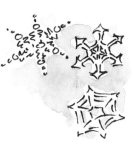

The sun comes up
early in the day.

## Le soleil se lève tôt le matin.

**earmuffs** *See Clothing (page 24).*
## le cache-oreilles *Voir Les vêtements (page 24).*

**to earn**
## gagner

We work to earn money.

## Nous travaillons pour gagner de l'argent.

**east**
## l'est

The sun comes
up in the east.

## Le soleil se lève à l'est.

**to eat**
## manger

This bird likes
to eat worms.

## Cet oiseau aime manger des vers de terre.

**egg**
## l'oeuf

The hen has an egg.

## La poule a un oeuf.

**eight** *See Numbers and Colors (page 68).*
## huit *Voir Les nombres et les couleurs (page 68).*

**eighteen** *See Numbers and Colors (page 68).*
## dix-huit *Voir Les nombres et les couleurs (page 68).*

**eighty** *See Numbers and Colors (page 68).*
## quatre-vingts *Voir Les nombres et les couleurs (page 68).*

**elephant** *See Animals (page 10).*
## l'éléphant *Voir Les animaux (page 10).*

**eleven** *See Numbers and Colors (page 68).*
## onze *Voir Les nombres et les couleurs (page 68).*

**empty**
## vide

The bottle is empty.

## La bouteille est vide.

## to end
### finir

It is time to end
the game.

**Il est temps de
finir la partie.**

## enough
### assez

He has enough
food!

**Il a assez de
nourriture!**

## every
### chaque

Every egg
is broken.

**Chaque oeuf
est cassé.**

## everyone
### tout le monde

Everyone here
has spots!

**Tout le monde ici a
des taches!**

## everything
### tout

Everything
is purple.

**Tout est violet.**

## everywhere
### partout

There are balls
everywhere.

**Il y a des balles
partout.**

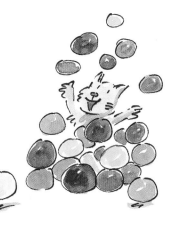

## excited
### excité

He is excited.

**Il est excité.**

**eye** *See People (page 76).*
**l'oeil** *Voir Les gens (page 76).*

# F

**face**  *See People (page 76).*
**le visage**  *Voir Les gens (page 76).*

**factory**
**l'usine**

Cans are made in this factory.

**Les conserves sont fabriquées dans cette usine.**

**to fall**
**tomber**

He is about to fall.

**Il s'apprête à tomber.**

**fall**
**l'automne**

It is fall.

**C'est l'automne.**

**family**
**la famille**

This is a big family.

**C'est une famille nombreuse.**

**fan**
**le ventilateur**

Please, turn off the fan!

**S'il te plaît, éteins le ventilateur!**

**far**
**loin**

The moon is far away.

**La lune est loin.**

**faraway**
**lointain**

She is going to a faraway place.

**Elle part vers un endroit lointain.**

**fast**
**vite**

That train is going fast!

**Ce train va vite!**

**fat**
**gras**

The pig is fat.

**Le cochon est gras.**

## father
## le père

My father and
I look alike.

**Mon père et moi
nous ressemblons.**

## favorite
## favori

This is my favorite toy.

**C'est mon jouet
favori.**

## feather
## la plume

The feather is
tickling her nose.

**La plume lui
chatouille le nez.**

## February
## février

The month after
January is February.

**Le mois qui suit
janvier est février.**

## to feel
## sentir

He likes to
feel safe.

**Il aime se sentir
en sécurité.**

## fence
## la clôture

A zebra is
on my fence.

**Il y a un zèbre
sur ma clôture.**

## fifteen
## quinze

*See Numbers and Colors (page 68).*

*Voir Les nombres et les couleurs
(page 68).*

## fifty
## cinquante

*See Numbers and Colors (page 68).*

*Voir Les nombres et les couleurs
(page 68).*

## to find
## trouver

He is trying to
find his kite.

**Il essaye de trouver
son cerf-volant.**

## finger
## le doigt

*See People (page 76).*

*Voir Les gens (page 76).*

## fire
## le feu

He can put
out the fire.

**Il peut éteindre
le feu.**

**F**

### firefighter
### le pompier

The firefighter has boots and a hat.

**Le pompier a des bottes et un casque.**

### firefly   *See Insects (page 52).*
### la luciole   *Voir Les insectes (page 52).*

### firehouse
### la station de pompiers

Welcome to the firehouse!

**Bienvenue à la station de pompiers!**

### first
### le premier

The yellow one is first in line.

**Le jaune est le premier en file.**

### fish   *See Animals (page 10).*
### le poisson   *Voir Les animaux (page 10).*

### five   *See Numbers and Colors (page 68).*
### cinq   *Voir Les nombres et les couleurs (page 68).*

### to fix
### réparer

She wants to fix it.

**Elle veut la réparer.**

### flag
### le drapeau

A flag is above her hat.

**Un drapeau flotte au-dessus de son chapeau.**

### flat
### plat

The tire is flat.

**Le pneu est à plat.**

### flea   *See Insects (page 52).*
### la puce   *Voir Les insectes (page 52).*

### floor
### le sol

There is a hole in the floor.

**Il y a un trou dans le sol.**

**flower**
## la fleur

The flower is growing.

**La fleur pousse.**

**flute**
## la flûte

Robert plays the flute.

**Robert joue de la flûte.**

**fly** *See Insects (page 52).*
## la mouche *Voir Les insectes (page 52).*

**to fly**
## voler

The bee wants to fly.

**L'abeille veut voler.**

**fog**
## le brouillard

He is walking in the fog.

**Il marche dans le brouillard.**

**food**
## la nourriture

He eats a lot of food.

**Il mange beaucoup de nourriture.**

**foot** *See People (page 76).*
## le pied *Voir Les gens (page 76).*

**for**
## pour

This is for you.

**C'est pour toi.**

**to forget**
## oublier

He does not want to forget his lunch!

**Il ne veut pas oublier son déjeuner!**

**fork**
## la fourchette

He eats with a fork.

**Il mange avec une fourchette.**

**forty** *See Numbers and Colors (page 68).*
**quarante** *Voir Les nombres et les couleurs (page 68).*

**four** *See Numbers and Colors (page 68).*
**quatre** *Voir Les nombres et les couleurs (page 68).*

**fourteen** *See Numbers and Colors (page 68).*
**quatorze** *Voir Les nombres et les couleurs (page 68).*

**fox** *See Animals (page 10).*
**le renard** *Voir Les animaux (page 10).*

**Friday**
**le vendredi**

On Friday, we go to the park.

**Vendredi, nous allons au parc.**

**friend**
**l'ami**

We are good friends.

**Nous sommes de bon amis.**

**frog** *See Animals (page 10).*
**la grenouille** *Voir Les animaux (page 10).*

**front**
**devant**

She sits in front of him.

**Elle est assise devant lui.**

**fruit**
**le fruit**

Fruit is delicious.

**Les fruits sont délicieux.**

**full**
**plein**

The cart is full of lizards.

**Le chariot est plein de lézards.**

**fun**
**s'amuser**

She is having fun.

**Elle s'amuse bien.**

**funny**
**drôle**

What a funny face!

**Quel visage drôle!**

## game
## le jeu

We are playing a game.

**Nous faisons
une partie.**

## garage
See Rooms in a House (page 86).
## le garage
*Voir Les pièces d'une maison
(page 86).*

## garden
## le jardin

Roses are growing
in the garden.

**Les roses poussent
dans le jardin.**

## gate
## le portail

The gate is open.

**Le portail est
ouvert.**

## to get
## prendre

The mice are trying
to get the cheese.

**Les souris essayent de
prendre le fromage.**

## giraffe
See Animals (page 10).
## la girafe
*Voir Les animaux (page 10).*

## girl
## la fille

The girl is dancing.

**La fille danse.**

## to give
## donner

I want to give
you a present.

**Je veux te
donner un cadeau.**

## glad
## content

She is glad
to see you.

**Elle est contente
de te voir.**

## glass
## le verre

Windows are made of glass.

**Les fenêtres sont faites en verre.**

## glasses
## les lunettes

This owl wears glasses.

**Ce hibou porte des lunettes.**

**gloves** *See Clothing (page 24).*
## les gants *Voir Les vêtements (page 24).*

## to go
## aller

It is time to go to your room.

**Il est temps d'aller dans ta chambre.**

**goat** *See Animals (page 10).*
## la chèvre *Voir Les animaux (page 10).*

**golf** *See Games and Sports (page 44).*
## le golf *Voir Les jeux et les sports (page 44).*

## good
## gentille, gentil

What a good dog!

**Quelle gentille chienne!**

## good-bye
## au revoir

Good-bye!

**Au revoir!**

## goose
## l'oie

A goose is riding a bicycle.

**Une oie fait de la bicyclette.**

## gorilla
## le gorille

The gorilla is eating a banana.

**Le gorille mange une banane.**

## to grab
## saisir

She wants to grab the bananas.

**Elle veut saisir les bananes.**

## grandfather
## le grand-père

I have fun with my grandfather!

**Je m'amuse avec mon grand-père!**

## grandma
## la grand-maman

Grandma is my dad's mother.

**Grand-maman est la mère de mon papa.**

## grandmother
## la grand-mère

My grandmother likes to bake.

**Ma grand-mère aime cuire au four.**

## grandpa
## le grand-papa

Grandpa is my mom's father.

**Grand-papa est le père de ma maman.**

## grape
## le raisin

Get the grapes!

**Prends les raisins!**

## grass
## l'herbe

Cows eat grass.

**Les vaches mangent de l'herbe.**

## grasshopper   *See Insects (page 52).*
## la sauterelle   *Voir Les insectes (page 52).*

# Les jeux et les sports

baseball
**le base-ball**

basketball
**le basket-ball**

golf
**le golf**

ping-pong
**le ping-pong**

running
**la course à pied**

bowling
**le bowling**

**ice skating**
**le patin à glace**

soccer
**le football**

skiing
**le ski**

tennis
**le tennis**

biking
**le cyclisme**

swimming
**la natation**

**gray** *See Numbers and Colors (page 68).*
**gris** *Voir Les nombres et les couleurs (page 68).*

**great**
**réussi**

It is a great party.

**C'est une fête très réussie.**

**green** *See Numbers and Colors (page 68).*
**vert** *Voir Les nombres et les couleurs (page 68).*

**groceries**
**les courses**

The groceries are falling out.

**L'épicerie tombe par terre.**

**ground**
**le sol**

They live in the ground.

**Ils vivent dans le sol.**

**group**
**le groupe**

This is a group of artists.

**C'est un groupe d'artistes.**

**to grow**
**grandir**

He wants to grow.

**Il veut grandir.**

**to guess**
**deviner**

It is fun to guess what is inside.

**C'est amusant de deviner ce qu'il y à l'intérieur.**

**guitar**
**la guitare**

My robot plays the guitar.

**Mon robot joue de la guitare.**

**hair**  *See People (page 76).*
**les cheveux**  *Voir Les gens (page 76).*

**half**
**la moitié**

Half the cookie is gone.

**La moitié du biscuit est mangée.**

**hall**  *See Rooms in a House (page 86).*
**le hall d'entrée**

*Voir Les piècesd'une  maison (page 86).*

**hammer**
**le marteau**

Hit the nail with the hammer!

**Enfonce le clou avec le marteau!**

**hammock**
**le hamac**

Dad is sleeping in the hammock.

**Papa dort dans le hamac.**

**hand**  *See People (page 76).*
**la main**  *Voir Les gens (page 76).*

**happy**
**heureux**

This is a happy face.

**C'est un visage heureux.**

**hard**
**dur**

The rock is hard.

**La roche est dure.**

**harp**
**la harpe**

She plays the harp very well.

**Elle joue très bien de la harpe.**

**hat**  *See Clothing (page 24).*
**le chapeau**  *Voir Les vêtements (page 24).*

**to have**
**avoir**

She needs to have three hats.

**Elle a besoin d'avoir trois chapeaux.**

**he**
**il**

He is under the table.

**Il est sous la table.**

**head**  *See People (page 76).*
**la tête**  *Voir Les gens (page 76).*

**to hear** *See People (page 76).*
**entendre** *Voir Les gens (page 76).*

**heart**
**le coeur**

The heart is red.

**Le coeur est rouge.**

**helicopter** *See Transportation (page 108).*
**l'hélicoptère** *Voir Les transports (page 108).*

**hello**
**bonjour**

Hello. How are you?

**Bonjour. Comment vas-tu?**

**help**
**aide**

I need help!

**J'ai besoin d'aide!**

**her**
**sa, son**

This is her tail.

**C'est sa queue.**

**here**
**ici**

I live here.

**J'habite ici.**

**hi**
**salut**

Hi!

**Salut!**

**to hide**
**se cacher**

She is too big to hide under the box.

**Elle est trop grosse pour se cacher sous la boîte.**

**high**
**haut**

The star is high in the sky.

**L'étoile est haut dans le ciel.**

**hill**
**la pente**

She is coming down the hill.

**Elle descend la pente.**

**hippopotamus** *See Animals (page 10).*
**l'hippopotame** *Voir Les animaux (page 10).*

**to hit**
**frapper**

He tries to hit the ball.

**Il essaye de frapper la balle.**

**to hold**
**tenir**

He has to hold her hand now.

**Il doit maintenant lui tenir la main.**

**hole**
**le trou**

He is digging a hole.

**Il creuse un trou.**

**hooray**
**hourra**

We are winning! Hooray!

**Nous sommes en train de gagner! Hourra!**

**to hop**
**sauter**

They know how to hop.

**Elles savent comment sauter.**

**horse** *See Animals (page 10).*
**le cheval** *Voir Les animaux (page 10).*

**hospital**
**l'hôpital**

Doctors work at the hospital.

**Les médecins travaillent à l'hôpital.**

**hot**
**chaud**

Fire is hot.

**Le feu est chaud.**

**hotel**
**l'hôtel**

He is staying at the hotel.

**Il a une chambre à l'hôtel.**

## hour
## l'heure

In an hour, it is going to be two o'clock.

**Dans une heure, il sera deux heures.**

## house
## la maison

The house has many windows.

**La maison a beaucoup de fenêtres.**

## how
## comment

How does he do that?

**Comment fait-il cela?**

## hug
## serrer dans ses bras

Give me a hug!

**Serre-moi dans tes bras!**

## huge
## énorme

That cat is huge!

**Ce chat est énorme!**

## hundred   *See Numbers and Colors (page 68).*
## cent   *Voir Les nombres et les couleurs (page 68).*

## (to be) hungry
## avoir faim

I think he is hungry.

**Je pense qu'il a faim.**

## to hurry
## se dépêcher

She has to hurry.

**Elle doit se dépêcher.**

## to hurt
## faire mal

It does not have to hurt.

**Ça ne doit pas faire mal.**

## husband
## le mari

He is her husband.

**C'est son mari.**

## I
## je

"I am so cute!" she says.

— **Je suis tellement mignonne! dit-elle.**

## ice
## la glace

We skate on ice.

**Nous patinons sur la glace.**

## ice cream
## la crème glacée

Clara likes ice cream.

**Claire aime la crème glacée.**

## idea
## l'idée

She has an idea.

**Elle a une idée.**

## important
## important

He looks very important.

**Il a l'air très important.**

## in
## dans

What is in that box?

**Qu'y a-t-il dans cette boîte?**

## inside
## à l'intérieur

He is inside the house.

**Il est à l'intérieur de la maison.**

## into
## dans

Do not go into that cave!

**N'entre pas dans cette grotte!**

## island
## l'île

The goat is on an island.

**La chèvre est sur une île.**

Insects
# Les insectes

butterfly
**le papillon**

wasp
**la guêpe**

mantis
**la mante**

fly
**la mouche**

flea
**la puce**

beetle
**le scarabée**

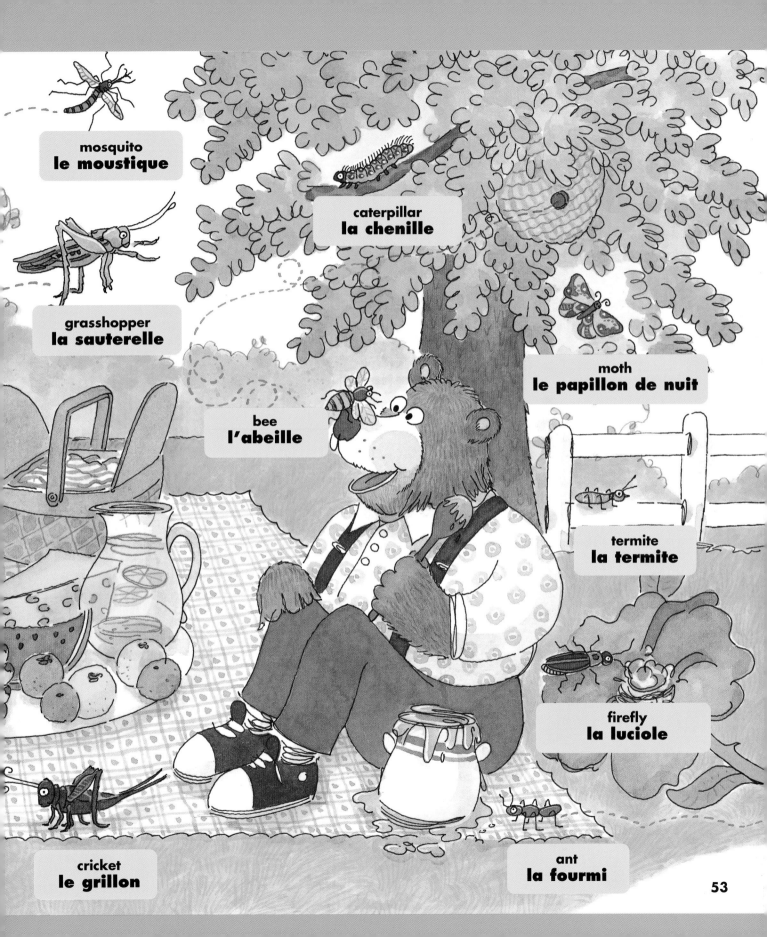

mosquito
**le moustique**

caterpillar
**la chenille**

grasshopper
**la sauterelle**

moth
**le papillon de nuit**

bee
**l'abeille**

termite
**la termite**

firefly
**la luciole**

cricket
**le grillon**

ant
**la fourmi**

# J

**jacket** *See Clothing (page 24).*
**la veste** *Voir Les vêtements (page 24).*

**jaguar** *See Animals (page 10).*
**le jaguar** *Voir Les animaux (page 10).*

**jam**
## la confiture

Do you think she likes bread and jam?

**Penses-tu qu'elle aime le pain et la confiture?**

**January**
## janvier

January is the first month of the year.

**Janvier est le premier mois de l'année.**

**jar**
## le pot

Jam comes in a jar.

**La confiture vient en pot.**

**job**
## le travail

It is a big job.

**C'est un gros travail.**

**juice**
## le jus

She is pouring a glass of orange juice.

**Elle verse un verre de jus d'orange.**

**July**
## juillet

The month after June is July.

**Après le mois de juin vient le mois de juillet.**

**to jump**
## sauter

She loves to jump.

**Elle aime sauter.**

**June**
## juin

The month after May is June.

**Après le mois de mai vient le mois de juin.**

**junk**
## le bric-à-brac

No one can use this junk.

**Personne ne peut utiliser ce bric-à-brac.**

**kangaroo** *See Animals (page 10).*
**le kangourou** *Voir Les animaux (page 10).*

**to keep**
**garder**

I want to keep him.

**Je veux le garder.**

**key**
**la clef**

Which key opens the lock?

**Quelle clef ouvre la serrure?**

**to kick**
**donner un coup de pied**

He wants to kick the ball.

**Il veut donner un coup de pied au ballon.**

**kind**
**gentil**

She is kind to animals.

**Elle est gentille avec les animaux.**

**kind**
**la sorte**

What kind of animal is that?

**De quelle sorte d'animal s'agit-il?**

**king**
**le roi**

The king is having fun.

**Le roi s'amuse.**

**kiss**
**le baiser**

Would you like to give the monkey a kiss?

**Veux-tu donner un baiser au singe?**

**kitchen** *See Rooms in a House (page 86).*
**la cuisine** *Voir Les pièces d'une maison (page 86).*

**kite**
**le cerf-volant**

Kites can fly high.

**Les cerf-volants peuvent voler haut.**

**kitten**
**le chaton**

A kitten is a baby cat.

**Un chaton est un bébé chat.**

**knee** *See People (page 76).*
**le genou** *Voir Les gens (page 76).*

**knife**
**le couteau**

A knife can cut.

**Un couteau peut couper.**

**to knock**
**frapper**

He starts to knock on the door.

**Il commence à frapper à la porte.**

**to know**
**savoir**

He wants to know what it says.

**Il veut savoir ce qu'il est écrit.**

## ladder
**l'échelle**

He climbs the ladder.

**Il monte l'échelle.**

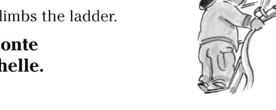

## lake
**le lac**

He is drinking the lake!

**Il boit le lac!**

## lamp
**la lampe**

He has a lamp on his head.

**Il a une lampe sur sa tête.**

## lap
**les genoux**

He sits on his grandma's lap.

**Il est assis sur les genoux de sa grand-mère.**

## last
**dernier**

The pink one is last in line.

**L'animal rose est le dernier en file.**

## late
**tard**

It is late at night.

**Il est tard la nuit.**

## to laugh
**rire**

It is fun to laugh.

**C'est amusant de rire.**

## laundry room
*See Rooms in a House (page 86).*
**la buanderie**
*Voir Les pièces d'une maison (page 86).*

## lazy
**paresseux**

He is so lazy.

**Il est tellement paresseux.**

## leaf
**la feuille**

The tree has one leaf.

**L'arbre a une feuille.**

## L

**to leave**
## partir

She does not want
to leave.

**Elle ne veut pas
partir.**

**to let**
## laisser

Papa is not going to
let him go.

**Papa ne s'apprête pas
à le laisser partir.**

**left**
## gauche

This is your left hand.

**C'est ta main
gauche.**

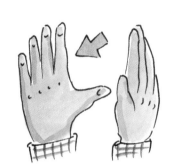

**letter**
## la lettre

This letter is going
airmail.

**La lettre part par
avion.**

**leg** *See People (page 76).*
## la jambe *Voir Les gens (page 76).*

**library**
## la bibliothèque

The library is full
of books.

**La bibliothèque est
pleine de livres.**

**lemon**
## le citron

She likes lemons.

**Elle aime les
citrons.**

**to lick**
## lécher

You have to lick it.

**Tu dois la lécher.**

**leopard**
## le léopard

A leopard is losing
its spots.

**Un léopard perd
ses taches.**

**life**
## la vie

Life is wonderful!

**La vie est
merveilleuse!**

## light
## la lumière

The sun gives us light.

**Le soleil nous donne de la lumière.**

## lightning
## l'éclair

Look! There's lightning!

**Regarde! Il y a des éclairs!**

## to like
## aimer

He likes the cake.

**Il aime le gâteau.**

## like
## comme

She looks like a rock.

**Elle est comme une roche.**

## line
## la ligne

I can draw a line.

**Je peux dessiner une ligne.**

## lion  *See Animals (page 10).*
## le lion  *Voir Les animaux (page 10).*

## to listen
## écouter

He does not want to listen to loud music.

**Il ne veut pas écouter de musique bruyante.**

## little
## petit

The bug is little.

**L'insecte est petit.**

## to live
## habiter

What a nice place to live!

**Quel endroit charmant à habiter!**

## living room  *See Rooms in a House (page 86).*
## le salon  *Voir Les pièces d'une Maison (page 86).*

## llama  *See Animals (page 10).*
## le lama  *Voir Les animaux (page 10).*

## to lock
## fermer à clef

Do not forget to lock the door.

**N'oublie pas de fermer la porte à clef.**

## long
## long

That is a long snake.

**C'est un long serpent.**

## to look
## regarder

I use this to look at the stars.

**J'utilise ceci pour regarder les étoiles.**

## to lose
## perdre

He does not want to lose his hat.

**Il ne veut pas perdre son chapeau.**

## lost
## perdu

Oh, no! He is lost.

**Oh, non! Il est perdu.**

## lots
## beaucoup

There are lots of bubbles.

**Il y a beaucoup de bulles.**

## loud
## bruyant

The music is loud!

**La musique est bruyante!**

## to love
## aimer

She loves the present.

**Elle aime le cadeau.**

## love
## l'amour

Love is wonderful.

**L'amour est merveilleux.**

## low
## bas

The bridge is low.

**Le pont est bas.**

## lunch
## le déjeuner

He has nuts for lunch.

**Il mange des noix pour le déjeuner.**

## mad
### fâché

The frogs are mad.

**Les grenouilles sont fâchées.**

## mail
### le courrier

The mail is here.

**Le courrier est là.**

## mailbox
### la boîte aux lettres

What is in that mailbox?

**Qu'est-ce qu'il y a dans cette boîte aux lettres?**

## mail carrier
### le facteur

Our mail carrier brings us the mail.

**Notre facteur nous apporte le courrier.**

## to make
### faire

A belt is easy to make.

**Une ceinture est facile à faire.**

## man
### l'homme

The man is waving with his hand.

**L'homme fait signe de la main.**

## mango
### la mangue

He will eat the whole mango.

**Il mangera la mangue tout entière.**

## mantis   *See Insects (page 52).*
### la mante   *Voir Les insectes (page 52).*

## many
### beaucoup

There are many dots!

**Il y a beaucoup de points!**

## map
### la carte

The map shows where to go.

**La carte indique où aller.**

## maraca
## la maraca

Shake those maracas!

**Secoue ces maracas!**

## March
## mars

The month after
February is March.

**Après le mois de février
vient le mois de mars.**

## math
## les mathématiques

He is not very good
at math.

**Il n'est pas
très bon en
mathématiques.**

## May
## mai

The month after
April is May.

**Après le mois d'avril
vient le mois de mai.**

## maybe
## peut-être

Maybe it is a ball.

**Peut-être est-ce
un ballon.**

## mayor
## le maire

The mayor leads
the town.

**Le maire dirige
la ville.**

## me
## moi

Look at me!

**Regarde-moi!**

## to mean
## signifier

That has to mean "hello."

**Cela doit signifier
"bonjour".**

## meat
## la viande

I am eating meat, salad,
and potatoes for dinner.

**Je mange de la
viande, de la salade
et des pommes de
terre pour dîner.**

## medicine
## le médicament

Take your medicine!

**Prends ton
médicament!**

## to meet
## rencontrer

I am happy to meet you.

**Je suis heureux de te rencontrer.**

## meow
## miaou

Cats say, "MEOW!"

**Les chats font — MIAOU!**

## mess
## le désordre

What a mess!

**Quel désordre!**

## messy
## désordonné

The bear is a little messy.

**L'ours est un peu désordonné.**

## milk
## le lait

He likes milk.

**Il aime le lait.**

## minute
## la minute

It is one minute before noon.

**Il est midi moins une minute.**

## mirror
## le miroir

He loves to look in the mirror.

**Il aime regarder dans le miroir.**

## to miss
## manquer

He does not want to miss the airplane.

**Il ne veut pas manquer l'avion.**

## mittens    *See Clothing (page 24).*
## les moufles    *Voir Les vêtements (page 24).*

## to mix
## mélanger

Use the spoon to mix it.

**Utilise la cuillère pour le mélanger.**

## mom
## la maman

She is the baby's mom.

**C'est la maman du bébé.**

## Monday
## le lundi

Every Monday we take a bath.

**Chaque lundi, nous prenons un bain.**

## money
## l'argent

Look at all the money!

**Regarde tout l'argent!**

**monkey** *See Animals (page 10).*
## le singe *Voir Les animaux (page 10).*

## month
## le mois

January and February are the first two months of the year.

**Janvier et février sont les deux premiers mois de l'année.**

## moon
## la lune

The moon is up in the sky.

**La lune est haut dans le ciel.**

## more
## plus

She needs to buy more juice.

**Elle a besoin d'acheter plus de jus.**

## morning
## le matin

The sun comes up in the morning.

**Le soleil se lève le matin.**

**mosquito** *See Insects (page 52).*
## le moustique *Voir Les insectes (page 52).*

## most
## presque

Most of the milk is gone.

**Le lait est presque fini.**

**moth** *See Insects (page 52).*
## le papillon de nuit *Voir Les Insectes (page 52).*

**mother**
**la mère**

She is the baby's mother.

**C'est la mère
du bébé.**

**motorcycle** *See Transportation (page 108).*
**la motocyclette** *Voir Les Transports (page 108).*

**mountain**
**la montagne**

He is climbing
up the mountain.

**Il grimpe la montagne.**

**mouse**
**la souris**

The mouse is skating.

**La souris fait du
patin à glace.**

**mouth** *See People (page 76).*
**la bouche** *Voir Les gens (page 76).*

**to move**
**déménager**

They have to move.

**Ils doivent déménager.**

**movie**
**le film**

They are watching
a movie.

**Ils regardent un film.**

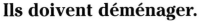

Mr

**Mr.**
**M.**

Say hello to Mr. Green.

**Dis bonjour à
M. Green.**

**Mrs.**
**Mme**

Mrs. Feront is getting
on the bus.

**Mme Feront monte
dans l'autobus.**

**much**
**beaucoup**

There is not much food
in the refrigerator.

**Il n'y a pas beaucoup
de nourriture dans
le réfrigérateur.**

**music**
**la musique**

They can play music.

**Ils savent jouer
de la musique.**

**my**
**mon**

This is my nose.

**C'est mon nez.**

foot

65

## N

**nail**
## le clou

Try to hit the nail!

**Essaye d'enfoncer
le clou!**

**name**
## le nom

His name begins with "R."

**Son nom commence
par un "R".**

**neck** *See People (page 76).*
## le cou *Voir Les gens (page 76).*

**necklace**
## le collier

She loves her necklace.

**Elle aime son
collier.**

**to need**
## falloir

He is going to need a
snack later.

**Il lui faudra un petit
"casse-croûte" plus tard.**

**neighbor**
## le voisin

They are neighbors.

**Ils sont voisins.**

**nest**
## le nid

The birds are near
their nest.

**Les oiseaux sont
près de leur nid.**

**never**
## jamais

She is never going to fly.

**Elle ne volera jamais.**

**new**
## nouveau,
## nouvelle

He has a new umbrella.

**Il a un nouveau
parapluie.**

**newspaper**
## le journal

Who is cutting my
newspaper?

**Qui découpe mon
journal?**

**next**
**proche**

She is next to the rock.

**Elle est proche de la roche.**

**next**
**prochain**

The horse is next.

**Le cheval est le prochain.**

**nice**
**charmant**

What a nice clown!

**Quel clown charmant!**

**night**
**la nuit**

It is dark at night.

**Il fait noir durant la nuit.**

**nine** *See Numbers and Colors (page 68).*
**neuf** *Voir Les nombres et les couleurs (page 68).*

**nineteen** *See Numbers and Colors (page 68).*
**dix-neuf** *Voir Les nombres et les couleurs (page 68).*

**ninety** *See Numbers and Colors. (page 68).*
**quatre-vingt-dix**
*Voir Les nombres et les couleurs (page 68).*

**no**
**non**

No, you may not go.

**Non, tu ne peux pas partir.**

**noise**
**le bruit**

He is making a terrible noise.

**Il fait un bruit terrible.**

**noisy**
**bruyant**

They are very noisy.

**Ils sont très bruyants.**

**noon**
**midi**

It is noon.

**Il est midi.**

# Numbers and Colors
# Les nombres et les couleurs

**0** zero / zéro   **1** one / un   **2** two / deux   **3** three / trois   **4** four / quatre   **5** five / cinq   **6** six / six

**7** seven / sept   **8** eight / huit   **9** nine / neuf   **10** ten / dix   **11** eleven / onze   **12** twelve / douze

**13** thirteen / treize   **14** fourteen / quatorze   **15** fifteen / quinze   **16** sixteen / seize

  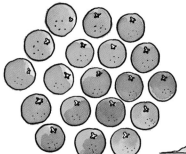 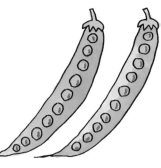

**17** seventeen / dix-sept   **18** eighteen / dix-huit   **19** nineteen / dix-neuf   **20** twenty / vingt

 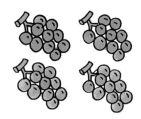  

**30** thirty **trente**     **40** forty **quarante**     **50** fifty **cinquante**     **60** sixty **soixante**

**70** seventy **soixante-dix**     **80** eighty **quatre-vingts**     **90** ninety **quatre-vingt-dix**

**100** one hundred **cent**     **1000** one thousand **mille**

Colors

# Les couleurs

gray **gris**

purple **violet**

yellow **jaune**

black **noir**

green **vert**

red **rouge**

blue **bleu**

orange **orange**

tan **sable**

brown **marron**

pink **rose**

white **blanc**

### north
### le nord

It is cold in the north.

**Il fait froid au nord.**

### nose    *See People (page 76).*
### le nez    *Voir Les gens (page 76).*

### not
### ne...pas

The bird is not red.

**L'oiseau n'est
pas rouge.**

### note
### le message

He is writing a note.

**Il écrit un message.**

### nothing
### rien

There is nothing in
the bottle.

**Il n'y a rien dans
la bouteille.**

### November
### novembre

The month after October
is November.

**Après le mois
d'octobre vient le
mois de novembre.**

### now
### maintenant

The mouse needs to
run now.

**La souris a besoin de
courir maintenant.**

### number
### le chiffre

There are five numbers.

**Il y a cinq chiffres.**

### nurse
### l'infirmière

She wants to be a nurse.

**Elle veut être
infirmière.**

### nut
### la noisette

I think he likes nuts.

**Je pense qu'il aime
les noisettes.**

## ocean
## l'océan

This turtle swims in the ocean.

**Cette tortue nage dans l'océan.**

## o'clock
## heure

It is one o'clock.

**Il est une heure.**

## October
## octobre

The month after September is October.

**Après le mois de septembre vient le mois d'octobre.**

octobre

## of
## de

The color of the airplane is yellow.

**La couleur de l'avion est jaune.**

## office
## le bureau

*See Rooms in a House (page 86).*

*Voir Les pièces d'une maison (page 86).*

## oh
## oh

Oh! What a surprise!

**Oh! Quelle surprise!**

## old
## vieux, vieille

The alligator is very old.

**L'alligator est très vieux.**

## on
## sur

The coat is on the chair.

**Le manteau est sur la chaise.**

## once
### une fois

Birthdays come once
a year.

**Les anniversaires
arrivent une fois
par an.**

**one**  *See Numbers and Colors (page 68).*
**un**  *Voir Les nombres et les couleurs (page 68).*

## onion
### l'oignon

He is chopping an onion.

**Il hache un oignon.**

## only
### seule

This is the only
food left.

**C'est la seule
nourriture
qui reste.**

## open
### ouvert

The window is open.

**La fenêtre est ouverte.**

## or
### ou bien

Do you want the red
one or the blue one?

**Veux-tu le rouge
ou le bleu?**

**orange**  *See Numbers and Colors (page 68).*
**orange**  *Voir Les nombres et les couleurs (page 68).*

## orange
### l'orange

He is squeezing oranges.

**Il presse des oranges.**

## ostrich
### l'autruche

An ostrich can run fast.

**Une autruche peut
courir vite.**

## other
## autre

What is on the other side?

**Qu'est-ce qu'il y a de l'autre côté?**

## oven
## le four

We bake cookies in an oven.

**Nous cuisons des biscuits au four.**

## ouch
## aïe

Ouch! That hurts!

**Aïe! Ça fait mal!**

## over
## au-dessus

She is holding the umbrella over her head.

**Elle tient le parapluie au-dessus de sa tête.**

## out(side)
## dehors

He goes out.

**Il va dehors.**

## owl
## le hibou

The owl does not sleep at night.

**Le hibou ne dort pas la nuit.**

## outdoors
## en plein air

We like to play outdoors.

**Nous aimons jouer en plein air.**

## to own
## posséder

It is wonderful to own a book.

**Il est merveilleux de posséder un livre.**

# P

**page**
## la page

He is turning the page.

**Il tourne
la page.**

**paint**
## la peinture

The baby is playing
with paint.

**Le bébé joue avec
la peinture.**

**painter**
## le peintre

He is a painter.

**Il est peintre.**

**pajamas**
## le pyjama

She is wearing pajamas
to sleep.

**Elle porte un pyjama
pour dormir.**

**pan**
## la poêle

We cook with a pan.

**Nous cuisinons avec
une poêle.**

**panda**
## le panda

This panda is hungry.

**Ce panda
a faim.**

**pants** *See Clothing (page 24).*
## le pantalon *Voir Les vêtements
(page 24).*

**paper**
## le papier

Write on the paper!

**Écris sur le papier!**

**parent**
## le parent

These parents have
many babies.

**Ces parents ont
beaucoup de bébés.**

**park**
## le parc

We like to go to the park.

**Nous aimons
aller au parc.**

## parrot
### le perroquet

This parrot can say, "Cracker!"

**Ce perroquet sait dire: "biscuit"!**

## part
### la partie

A wheel is part of the car.

**La roue fait partie de la voiture.**

## party
### la fête

The ants are having a party.

**Les fourmis ont une fête.**

## to pat
### caresser

The baby tries to pat the dog.

**Le bébé essaye de caresser le chien.**

## paw
### la patte

He wants to shake paws.

**Il veut lui serrer la patte.**

## pea
### le petit pois

He does not like to eat peas.

**Il n'aime pas manger les petits pois.**

## peach
### la pêche

Peaches grow on trees.

**Les pêches poussent sur les arbres.**

## pen
### le stylo

The pen is leaking.

**Le stylo coule.**

## pencil
### le crayon à papier

A pencil is for drawing.

**Un crayon à papier sert à dessiner.**

# Les gens •Ton corps

head
**la tête**

face
**le visage**

stomach
**l'estomac**

knee
**le genou**

foot
**le pied**

leg
**la jambe**

eye
**l'oeil**

thumb
**le pouce**

hair
**les cheveux**

arm
**le bras**

neck
**le cou**

finger
**le doigt**

hand
**la main**

ear **l'oreille**

tooth **la dent**

to see **voir**

nose **le nez**

to touch **toucher**

mouth **la bouche**

toe **l'orteil**

to smell **sentir**

to hear **entendre**

to taste **goûter**

### penguin
### le pingouin

There is a penguin in your sink.

**Il y a un pingouin dans ton évier.**

### pet
### l'animal apprivoisé

This pig is a pet.

**Ce cochon est un animal apprivoisé.**

### people
### les gens

These people are going up.

**Ces gens montent.**

### photograph
### la photographie

Look at the photograph!

**Regarde la photographie!**

### pepper
### le poivre

She is using too much pepper.

**Elle met trop de poivre.**

### piano
### le piano

He plays the piano very well.

**Il joue très bien du piano.**

### peppers
### les poivrons

Peppers are good to eat.

**Les poivrons sont bons à manger.**

### to pick
### ramasser

This dog likes to pick berries.

**Ce chien aime ramasser des baies.**

### perfume
### le parfum

She is wearing perfume.

**Elle porte du parfum.**

### picnic
### le pique-nique

They are having a picnic.

**Ils font un pique-nique.**

## picture
## l'image

This is a picture of a rabbit.

**C'est l'image d'un lapin.**

## pie
## la tarte

Who is eating the pie?

**Qui mange la tarte?**

**pig** *See Animals (page 10).*
**le cochon** *Voir Les animaux (page 10).*

## pillow
## l'oreiller

A pillow is for sleeping.

**Un oreiller sert à dormir.**

**ping-pong** *See Games and Sports (page 44).*
**le ping-pong** *Voir Les jeux et les sports (page 44).*

**pink** *See Numbers and Colors (page 68).*
**rose** *Voir Les nombres et les couleurs (page 68).*

## pizza
## la pizza

We like to eat pizza.

**Nous aimons manger de la pizza.**

## to place
## placer

It is good to place glasses on the nose.

**C'est bien de placer les lunettes sur le nez.**

## to plan
## prévoir

It helps to plan ahead.

**Cela aide de prévoir à l'avance.**

## to plant
## planter

He likes to plant nuts.

**Il aime planter des noix.**

## to play
## jouer

Do you want to play with us?

**Veux-tu jouer avec nous?**

## playground
### le terrain de jeux

Meet me at the playground!

**Rencontre-moi sur le terrain de jeux!**

## playroom
### la salle de jeux

*See Rooms in a House (page 86).*

*Voir Les pièces d'une maison (page 86).*

## please
### s'il te plaît

Please, feed me!

**S'il te plaît, donne-moi à manger!**

## pocket
### la poche

What is in his pocket?

**Qu'y a-t-il dans sa poche?**

## point
### la pointe

It has a sharp point. Ouch!

**Cela a une pointe. Aïe!**

## to point
### montrer du doigt

It is not polite to point.

**Ce n'est pas poli de montrer du doigt.**

## police officer
### l'officier de police

The police officer helps us cross the street.

**L'officier de police nous aide à traverser la rue.**

## police station
### le commissariat de police

You can get help at the police station.

**On peut trouver de l'aide au commissariat de police.**

## polite
### poli

He is so polite!

**Il est tellement poli!**

## pond
### l'étang

She fell into the pond.

**Elle tombe dans l'étang.**

## poor
## pauvre

This poor monkey does not have much money.

**Ce singe pauvre n'a pas beaucoup d'argent.**

## porch
## la véranda

*See Rooms in a House (page 86).*

*Voir Les pièces d'une maison (page 86).*

## post office
## le bureau de poste

Letters go to the post office.

**Les lettres vont au bureau de poste.**

## pot
## la marmite

It is time to stir the pot.

**Il est temps de remuer le contenu de la marmite.**

## potato
## la pomme de terre

These potatoes have eyes.

**Ces pommes de terre ont des yeux.**

## to pound
## taper

Use a hammer to pound a nail.

**Utilise un marteau pour taper sur un clou.**

## present
## le cadeau

Is the present for me?

**Est-ce que c'est un cadeau pour moi?**

## pretty
## joli

It is not a pretty face.

**Ça n'est pas un joli visage.**

## prince
## le prince

The prince is with his father.

**Le prince est avec son père.**

## princess
## la princesse

This princess has big feet.

**Cette princesse a de grands pieds.**

### prize
### le prix

Look who wins the prize.

**Regarde qui gagne le prix.**

### purse
### le sac à main

The purse is full.

**Le sac à main est plein.**

### proud
### fier

She is proud of her new hat.

**Elle est fière de son nouveau chapeau.**

### to push
### pousser

He needs to push hard.

**Il doit pousser fort.**

### to pull
### tirer

We're trying to pull him up.

**Nous essayons de le tirer.**

### to put
### mettre

Don't put your foot in your mouth!

**Ne mets pas ton pied dans ta bouche!**

### puppy
### le chiot

The puppy is wet.

**Le chiot est mouillé.**

### puzzle
### le puzzle

Can you put the puzzle together?

**Peux-tu assembler le puzzle?**

### purple
### violet

*See Numbers and Colors (page 68).*

*Voir Les nombres et les couleurs (page 68).*

## quack
### coin-coin

"Quack, quack!"
sing the ducks.

— Coin-coin,
coin-coin! chantent
les canards.

## to quarrel
### se disputer

We do not like to quarrel.

Nous n'aimons pas
nous disputer.

## quarter
### le quart

A quarter of the pie
is gone.

Un quart de la tarte
est parti.

## queen
### la reine

She is queen of
the zebras.

Elle est la reine
des zèbres.

## question
### la question

She has a question.

Elle a une question.

## quick
### rapide

A rabbit is quick; a
tortoise is slow.

Un lapin est
rapide; une tortue
est lente.

## quiet
### silencieux

Shh! Be quiet!

Chut!
Soif - silencieux!

## quilt
### l'édredon

Who is under the quilt?

Qui est sous
l'édredon?

## to quit
### abandonner

The raccoon wants to
quit practicing.

Le raton-laveur
veut abandonner
l'entraînement.

## quite
### bien

It is quite cold today.

Il fait bien froid
aujourd'hui.

# R

**rabbit** *See Animals (page 10).*
**le lapin** *Voir Les animaux (page 10).*

**race**
## la course

Who is going to win the race?

**Qui va gagner la course?**

**radio**
## la radio

They listen to the radio.

**Ils écoutent la radio.**

**rain**
## la pluie

She likes the rain.

**Elle aime la pluie.**

**rainbow**
## l'arc-en-ciel

She is standing under a rainbow.

**Elle se tient sous l'arc-en-ciel.**

**raincoat** *See Clothing (page 24).*
## l'imperméable
*Voir Les vêtements (page 24).*

**raindrop**
## la goutte de pluie

Look at the raindrops.

**Regarde les gouttes de pluie.**

**rainy**
## pluvieux

It's a rainy day.

**La journée est pluvieuse.**

**to read**
## lire

Does he know how to read?

**Est-ce qu'il sait lire?**

**ready**
## prêt

The baby is not ready to go.

**Le bébé n'est pas prêt à partir.**

## real
## vrai

It is not a real dog.

**Ce n'est pas
un vrai chien.**

## really
## vraiment

She is really tall!

**Elle est vraiment
grande!**

**red**  *See Numbers and Colors (page 68).*
**rouge**  *Voir Les nombres et les couleurs
(page 68).*

## refrigerator
## le réfrigérateur

We keep our snowballs in
the refrigerator.

**Nous gardons
nos boules de
neige dans
le réfrigérateur.**

## to remember
## se rappeler

It is hard to remember
his phone number.

**Il est difficile de se
rappeler son numéro
de téléphone.**

## restaurant
## le restaurant

She is eating at
a restaurant.

**Elle mange au
restaurant.**

## rice
## le riz

Where is all the rice?

**Où est tout le riz?**

## rich
## riche

He is very rich.

**Il est très riche.**

## to ride
## faire du cheval

It is fun to ride
a horse.

**C'est amusant de
faire du cheval.**

## right
## droit

This is your
right hand.

**C'est ta
main droite.**

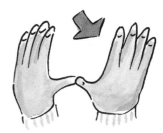

# Rooms in a House
# Les pièces d'une maison

attic
**le grenier**

deck
**la terrasse**

bedroom
**la chambre à coucher**

bathroom
**la salle de bains**

kitchen
**la cuisine**

dining room
**la salle à manger**

garage
**le garage**

playroom
**la salle de jeux**

**closet**
**le placard**

**bedroom**
**la chambre à coucher**

**office**
**le bureau**

**living room**
**le salon**

**hall**
**le hall d'entrée**

**porch**
**la véranda**

**basement**
**le sous-sol**

**laundry room**
**la buanderie**

**R**

### ring
### la bague

She has a new ring.

**Elle a une nouvelle bague.**

### to ring
### sonner

The telephone is going to ring soon.

**Le téléphone sonnera bientôt.**

### river
### la rivière

I am floating down the river.

**Je descends la rivière en flottant.**

### road
### la route

The road goes over the hill.

**La route passe par-dessus la colline.**

### robot
### le robot

A robot is looking in my window!

**Un robot regarde à travers ma fenêtre!**

### rock
### la roche

What is going around the rock?

**Qu'est-ce qui se passe autour de la roche?**

### roof
### le toit

There is a cow on the roof.

**Il y a une vache sur le toit.**

### room
### la pièce

The little house has little rooms.

**La petite maison a de petites pièces.**

**rooster** *See Animals (page 10).*
**le coq** *Voir Les animaux (page 10).*

**root**
**la racine**

The plant has
deep roots.

**La plante a de
profondes racines.**

**rose**
**la rose**

She likes roses.

**Elle aime les roses.**

**round**
**rond**

These things
are round.

**Ces choses-là
sont rondes.**

**to rub**
**frotter**

He is rubbing his
tummy.

**Il se frotte
le ventre.**

**rug**
**le tapis**

A bug is on the rug.

**Il y a un insecte
sur le tapis.**

**to run**
**courir**

You need feet to run!

**Il faut des pieds
pour courir!**

**running** *See Games and Sports (page 44).*
**la course à pied** *Voir Les jeux et les
sports (page 44).*

# S

### sad
**triste**

This is a sad face.

**C'est un visage triste.**

### sailboat  *See Transportation (page 108).*
**le bateau à voile**

*Voir Les transports (page 108).*

### salad
**la salade**

He is making a salad.

**Il prépare une salade.**

### salt
**le sel**

She is using too much salt.

**Elle met trop de sel.**

### same
**identique**

They look the same.

**Ils ont l'air identiques.**

### sand
**le sable**

There is a lot of sand at the beach.

**Il y a beaucoup de sable à la plage.**

### sandwich
**le sandwich**

It's a pickle sandwich! Yum!

**C'est un sandwich aux cornichons! Miam!**

### sandy
**sablonneux**

The beach is sandy.

**La plage est sablonneuse.**

### Saturday
**le samedi**

On Saturday, we work together.

**Le samedi, nous travaillons ensemble.**

### sausage
**la saucisse**

This dog likes sausages.

**Ce chien aime les saucisses.**

## saw
### la scie

A saw is for cutting.

**Une scie sert
à couper.**

## to say
### dire

She wants to say hello.

**Elle veut dire
bonjour.**

## scarf *See Clothing (page 24).*
### l'écharpe *Voir Les vêtements (page 24).*

## school
### l'école

He can learn in school.

**Il peut apprendre
à l'école.**

## scissors
### les ciseaux

Look what he is cutting
with the scissors!

**Regarde ce qu'il
découpe avec
les ciseaux!**

## to scrub
### frotter

He wants to scrub
the tub.

**Il veut frotter
la baignoire.**

## sea
### la mer

Whales live in the sea.

**Les baleines vivent
dans la mer.**

## seat
### le siège

The seat is too high.

**Le siège est
trop haut.**

## secret
### le secret

She is telling him a secret.

**Elle lui dit un secret.**

## to see *See People (page 76).*
### voir *Voir Les gens (page 76).*

## seed
## la graine

When you plant a seed, it grows.

**Quand tu plantes une graine, elle pousse.**

## to sell
## vendre

He sells balloons.

**Il vend des ballons.**

## to send
## envoyer

Mom has to send a letter in the mail.

**Maman doit envoyer une lettre à la poste.**

## September
## septembre

The month after August is September.

**Après le mois d'août, vient le mois de septembre.**

**seven** *See Numbers and Colors (page 68).*
**sept** *Voir Les nombres et les couleurs (page 68).*

**seventeen** *See Numbers and Colors (page 68).*
**dix-sept** *Voir Les nombres et les couleurs (page 68).*

**seventy** *See Numbers and Colors (page 68).*
**soixante-dix** *Voir Les nombres et les couleurs (page 68).*

## shark
## le requin

A shark has many teeth.

**Un requin a beaucoup de dents.**

**shawl** *See Clothing (page 24).*
**le châle** *Voir Les vêtements (page 24).*

## she
## elle

She is hiding.

**Elle se cache.**

**sheep** *See Animals (page 10).*
**le mouton** *Voir Les animaux (page 10).*

**shirt** *See Clothing (page 24).*
**la chemise** *Voir Les vêtements (page 24).*

**shoes** *See Clothing (page 24).*
**les chaussures** *Voir Les vêtements (page 24).*

## to shop
## faire des achats

He likes to shop.

**Il aime faire des achats.**

## short
## petit

He is too short.

**Il est trop petit.**

## to shout
## crier

They have to shout.

**Ils doivent crier.**

## shovel
## la pelle

She needs a bigger shovel.

**Elle a besoin d'une plus grosse pelle.**

## show
## le spectacle

They are in a show.

**Ils font partie d'un spectacle.**

## to show
## montrer

Open wide to show your new tooth!

**Ouvre grand pour montrer ta nouvelle dent!**

## shy
## timide

He is very shy.

**Il est très timide.**

## sick
## malade

The poor rhinoceros is sick!

**Le pauvre rhinocéros est malade!**

## side
## le côté

The tree is on the side of the house.

**L'arbre est sur le côté de la maison.**

## sidewalk
## le trottoir

They are playing on the sidewalk.

**Ils jouent sur le trottoir.**

## sign
## l'enseigne

This is the bakery's sign.

**C'est l'enseigne de la boulangerie.**

**silly**
## idiot

He has a silly smile.

## Il a un sourire idiot.

**to sing**
## chanter

She loves to sing.

## Elle aime chanter.

**sister**
## la soeur

They are sisters.

## Elles sont soeurs.

**to sit**
## s'asseoir

They want to sit.

## Ils veulent s'asseoir.

**six** *See Numbers and Colors (page 68).*
**six** *Voir Les nombres et les couleurs (page 68).*

**sixteen** *See Numbers and Colors (page 68).*
**seize** *Voir Les nombres et les couleurs (page 68).*

**sixty** *See Numbers and Colors (page 68).*
## soixante *Voir Les nombres et les couleurs (page 68).*

**skateboard** *See Transportation (page 108).*
## la planche à roulettes
*Voir Les transports (page 108).*

**skates** *See Transportation (page 108).*
## les patins à roulettes
*Voir Les transports (page 108).*

**skating (ice)** *See Games and Sports (page 44).*
## patinage *Voir Les jeux et les sports (page 44).*

**skiing** *See Games and Sports (page 44).*
## le ski *Voir Les jeux et les sports (page 44).*

**skirt** *See Clothing (page 24).*
## la jupe *Voir Les vêtements (page 24).*

**sky**
## le ciel

The sky is full of stars.

## Le ciel est plein d'étoiles.

**to sleep**
## dormir

He is ready to sleep.

## Il est prêt à dormir.

**slow**
## lente

A rabbit is quick; a tortoise is slow.

**Un lapin est rapide; une tortue est lente.**

**small**
## petit

An ant is small.

**Une fourmi est petite.**

**to smell**  *See People (page 76).*
## sentir  *Voir Les gens (page 76).*

**smile**
## le sourire

What a big smile!

**Quel grand sourire!**

**smoke**
## la fumée

Watch out for the smoke.

**Fais attention à la fumée.**

**snail**
## l'escargot

He has a snail on his nose.

**Il a un escargot sur le nez.**

**snake**  *See Animals (page 10).*
## le serpent  *Voir Les animaux (page 10).*

**sneakers**  *See Clothing (page 24).*
## les chaussures de sport
*Voir Les vêtements (page 24).*

**to snore**
## ronfler

Try not to snore.

**Essaye de ne pas ronfler.**

**snow**
## la neige

Snow is white and cold.

**La neige est blanche et froide.**

**snowball**
## la boule de neige

He is throwing snowballs.

**Il jette des boules de neige.**

**so**
# tellement

She is so tall!

**Elle est tellement grande!**

**soap**
# le savon

He is using soap to wash.

**Il utilise du savon pour se laver.**

**soccer** *See Games and Sports (page 44).*
# le football *Voir Les jeux et les sports (page 44).*

**socks** *See Clothing (page 24).*
# les chaussettes *Voir Les vêtements (page 24).*

**sofa**
# le canapé

The zebras are sitting on the sofa.

**Les zèbres sont assis sur le canapé.**

**some**
# quelques

Some of them are pink.

**Quelques-unes sont roses.**

**someday**
# un jour

I can drive… someday.

**Je peux conduire… un jour.**

**someone**
# quelqu'un

Someone is behind the fence.

**Il y a quelqu'un derrière la clôture.**

**something**
# quelque chose

Something is under the rug.

**Il y a quelque chose sous le tapis.**

**song**
# la chanson

A song is for singing.

**Une chanson est pour chanter.**

**soon**
# bientôt

Soon it is going to be noon.

**Bientôt il sera midi.**

## sorry
## désolé

She is sorry she dropped it.

**Elle est désolée de l'avoir laissé tomber.**

## soup
## la soupe

The soup is hot!

**La soupe est chaude!**

## south
## le sud

It is warm in the south.

**Il fait chaud dans le sud.**

## special
## spécial

This is a special car.

**C'est une voiture spéciale.**

## spider
## l'araignée

This spider is friendly.

**Cette araignée est amicale.**

## spoon
## la cuillère

A spoon can't run, can it?

**Une cuillère ne peut pas courir, n'est-ce-pas?**

## spring
## le printemps

Flowers grow in spring.

**Les fleurs poussent au printemps.**

## square
## le carré

A square has four sides.

**Un carré a quatre côtés.**

## squirrel
## l'écureuil

There is a squirrel on that hat.

**Il y a un écureuil sur ce chapeau.**

## stamp
## le timbre

A stamp goes on a letter.

**Un timbre se colle sur une lettre.**

## to stand
### être debout

She does not like
to stand.

**Elle n'aime pas
être debout.**

## star
### l'étoile

That star is winking.

**L'étoile cligne de l'oeil.**

## to start
### commencer

They want to start
with *A.*

**Ils veulent
commencer par
le *A.***

## to stay
### rester

He has to stay inside.

**Il doit rester
à l'intérieur.**

## to step
### marcher

Try not to step in the
puddle.

**Essaye de ne pas
marcher dans
la flaque.**

## stick
### le bâton

The dog wants the stick.

**Le chien veut
le bâton.**

## sticky
### collant

That candy is sticky.

**Ce bonbon est
collant.**

## stomach   *See People (page 76).*
### l'estomac   *Voir Les gens (page 76).*

## to stop
### arrêter

You have to stop for
a red light.

**Tu dois t'arrêter
au feu rouge.**

## store
### le magasin

She buys books at
the store.

**Elle achète des
livres au magasin.**

## storm
## la tempête

She does not like
the storm.

**Elle n'aime pas
la tempête.**

## story
## l'histoire

We all know this story.

**Nous connaissons
tous cette histoire.**

## strange
## étrange

This is a strange animal.

**C'est un animal
étrange.**

## strawberry
## la fraise

This strawberry is big.

**C'est une grosse
fraise.**

## street
## la rue

There is an elephant
in the street.

**Il y a un éléphant
dans la rue.**

## student
## l'étudiant

The students are
all fish.

**Les étudiants sont
tous des poissons.**

## subway  *See Transportation (page 108).*
## le métro  *Voir Les transports (page 108).*

## suddenly
## soudain

Suddenly, it is raining.

**Soudain, il pleut.**

## suit
## le costume

Something is spilling
on his suit.

**Quelque chose
coule sur son
costume.**

## suitcase
## la valise

What is in that suitcase?

**Qu'y a-t-il dans
cette valise?**

**summer**
## l'été

It is hot in summer.

**Il fait chaud en été.**

**sun**
## le soleil

The sun is hot.

**Le soleil est chaud.**

**Sunday**
## le dimanche

On Sunday, we eat dinner with Grandma.

**Le dimanche, nous dînons avec grand-maman.**

**sunflower**
## le tournesol

The sunflower is big and yellow.

**Le tournesol est grand et jaune.**

**sunny**
## ensoleillé

She loves sunny days.

**Elle aime les journées ensoleillées.**

**sure**
## sûr

I am sure the door is not going to open.

**Je suis sûre que la porte ne s'ouvrira pas.**

**surprised**
## surprise

She is surprised.

**Elle est surprise.**

**sweater** *See Clothing (page 24).*
## le tricot *Voir Les vêtements (page 24).*

**to swim**
## nager

The fish likes to swim.

**Le poisson aime nager.**

**swimming** *See Games and Sports (page 44).*
## la natation *Voir Les jeux et les sports (page 44).*

## table
## la table

There is a chicken on the table.

**Il y a un poulet sur la table.**

## tail
## la queue

He has a long tail.

**Il a une longue queue.**

## to take
## prendre

He is going to take the suitcase with him.

**Il prendra la valise avec lui.**

## to talk
## parler

They like to talk on the phone.

**Ils aiment parler au téléphone.**

## tall
## grand

The red one is very tall.

**Le rouge est très grand.**

## tambourine
## le tambourin

Shake that tambourine!

**Secoue ce tambourin!**

**tan**   *See Numbers and Colors (page 68).*
**sable**   *Voir Les nombres et les couleurs (page 68).*

**to taste**   *See People (page 76).*
**goûter**   *Voir Les gens (page 76).*

**taxi**   *See Transportation (page 108).*
**le taxi**   *Voir Les transports (page 108).*

## teacher
## la maîtresse

Our teacher helps us to learn.

**Notre maîtresse nous aide à apprendre.**

## tear
## la larme

There is a tear on her cheek.

**Il a une larme sur sa joue.**

## telephone
## le téléphone

People can call you on the telephone.

**Les gens peuvent vous appeler au téléphone.**

## television
## la télévision

My goldfish likes to watch television.

**Mon poisson rouge aime regarder la télévision.**

## to tell
## dire

Mom has to tell her the word.

**Maman doit lui dire le mot.**

**ten** *See Numbers and Colors (page 68).*
**dix** *Voir Les nombres et les couleurs (page 68).*

**tennis** *See Games and Sports (page 44).*
**le tennis** *Voir Les jeux et les sports (page 44).*

## tent
## la tente

What is inside the tent?

**Qu'y a-t-il à l'intérieur de la tente?**

**termite** *See Insects (page 52).*
**la termite** *Voir Les insectes (page 52).*

## terrible
## terrible

What a terrible mess!

**Quel terrible désordre!**

## to thank
## remercier

He wants to thank the firefighter.

**Il veut remercier le pompier.**

## that
## ça

What is that?

**Qu'est-ce que c'est que ça?**

## their
## leurs

They are pointing
to their suitcases.

**Ils pointent
leurs valises.**

## them
## leur

The shoes belong
to them.

**Les chaussures
leur appartiennent.**

## then
## puis

Get into bed.
Then sleep.

**Va au lit.
Et puis dors.**

## there
## là-bas

She's over there.

**Elle est là-bas.**

## these
## ces/cettes

No one wants
these eggs.

**Personne ne
veut ces oeufs.**

## they
## elles, ils

See the mice?
They are dancing.

**Tu vois les souris?
Elles dansent.**

## thin
## mince

One clown is thin.

**Un clown est
mince.**

## thing
## la chose

What is this thing?

**Quelle est cette
chose?**

## to think
## penser

We use our brain to think.

**Nous nous servons
de notre cerveau
pour penser.**

## (to be) thirsty
## avoir soif

He is thirsty.

**Il a soif.**

**thirteen** *See Numbers and Colors (page 68).*
**treize** *Voir Les nombres et les couleurs (page 68).*

**thirty** *See Numbers and Colors (page 68).*
**trente** *Voir Les nombres et les couleurs (page 68).*

## this
## ce/cet/cette

This baby is sad.

**Ce bébé est triste.**

## those
## ces/cettes

Those babies
are happy.

**Ces bébés sont
heureux.**

**thousand** *See Numbers and Colors (page 68).*
**mille** *Voir Les nombres et les couleurs (page 68).*

**three** *See Numbers and Colors (page 68).*
**trois** *Voir Les nombres et les couleurs (page 68).*

## through
## à travers

The ball is coming
through the window.

**Le ballon passe
à travers la fenêtre.**

## to throw
## lancer

We like to throw
the ball.

**Nous aimons
lancer la balle.**

**thumb** *See People (page 76).*
**le pouce** *Voir Les gens (page 76).*

## thunder
## le tonnerre

Thunder is loud.

**Le tonnerre
est bruyant.**

## Thursday
## le jeudi

On Thursday, we wash clothes.

**Le jeudi, nous faisons la lessive.**

**tie** *See Clothing (page 24).*
## la cravate *Voir Les vêtements (page 24).*

## to tie
## attacher

Is he going to tie his shoelaces?

**Est-ce qu'il va attacher ses lacets?**

## tiger
## le tigre

This is a tiger.

**C'est un tigre.**

## time
## le temps

It is time to wash the dishes.

**Il est temps de faire la vaisselle.**

## tire
## le pneu

The tire is flat.

**Le pneu est à plat.**

## tired
## fatigué

She is tired.

**Elle est fatiguée.**

## to
## à

He is going to school.

**Il va à l'école.**

## today
## aujourd'hui

Today is her birthday.

**Aujourd'hui, c'est son anniversaire.**

**toe** *See People (page 76).*
## l'orteil *Voir Les gens (page 76).*

## together
### ensemble

They are sitting together.

**Ils sont assis ensemble.**

## tomato
### la tomate

Mmm! It is a big, juicy tomato.

**Miam-miam! C'est une grosse tomate bien juteuse.**

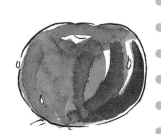

## tomorrow
### demain

Tomorrow is another day.

**Demain est une autre journée.**

## tonight
### ce soir

He is sleepy tonight.

**Ce soir, il est fatigué.**

## too
### aussi

The baby is singing, too.

**Le bébé chante aussi.**

## tooth   *See People (page 76).*
### la dent   *Voir Les gens (page 76).*

## toothbrush
### la brosse à dents

My toothbrush is red.

**Ma brosse à dents est rouge.**

## top
### sommet

The bird is on top.

**L'oiseau est au sommet.**

## to touch   *See People (page 76).*
### toucher   *Voir Les gens (page 76).*

## towel
### la serviette

He needs a towel.

**Il a besoin d'une serviette.**

**town**
## la ville

The ant lives in a town.

**La fourmi habite dans une ville.**

**toy**
## le jouet

He has all kinds of toys.

**Il a toutes sortes de jouets.**

**track**
## la trace

That is a rabbit track.

**Ce sont les traces d'un lapin.**

**train**   *See Transportation (page 108).*
## le train   *Voir Les transports (page 108).*

**treat**
## la récompense

A bone is a treat.

**Un os est une récompense.**

**tree**
## l'arbre

There is a cow in that tree.

**Il y a une vache dans cet arbre.**

**triangle**
## le triangle

A triangle has three sides.

**Un triangle a trois côtés.**

**(to do) tricks**
## faire des tours

Her job is to do tricks.

**Son travail est de faire des tours.**

**trip**
## le voyage

She is going on a trip.

**Elle part en voyage.**

**to trip**
## trébucher

It is not fun to trip.

**Ce n'est pas drôle de trébucher.**

# Les transports

airplane
**l'avion**

train
**le train**

van
**la camionnette**

skateboard
**la planche à roulettes**

bicycle
**la bicyclette**

skates
**les patins à roulettes**

helicopter
**l'hélicoptère**

sailboat
**le bateau à voile**

car
**la voiture**

truck
**le camion**

boat
**le bateau**

subway
**le métro**

horse
**le cheval**

taxi
**le taxi**

bus
**l'autobus**

109

**truck** *See Transportation (page 108).*
**le camion** *Voir Les transports (page 108).*

**trumpet**
**la trompette**

This is a trumpet.

**C'est une trompette.**

**to try**
**essayer**

He tries to climb.

**Il essaye de grimper.**

**Tuesday**
**le mardi**

On Tuesday we wash the floors.

**Le mardi, nous lavons les sols.**

**tulip**
**la tulipe**

There is a tulip on his head.

**Il a une tulipe sur la tête.**

**to turn**
**tourner**

You have to turn it.

**Vous devez le tourner.**

**turtle**
**la tortue**

That is a fast turtle!

**C'est une tortue rapide!**

**twelve** *See Numbers and Colors (page 68).*
**douze** *Voir Les nombres et les couleurs (page 68).*

**twenty** *See Numbers and Colors (page 68).*
**vingt** *Voir Les nombres et les couleurs (page 68).*

**twins**
**les jumeaux**

They are twins.

**Ils sont jumeaux.**

**two** *See Numbers and Colors (page 68).*
**deux** *Voir Les nombres et les couleurs (page 68).*

## ugly
### laid

Do you think the
toad is ugly?

**Penses-tu que
le crapaud est laid?**

## umbrella
### le parapluie

She has a yellow
umbrella.

**Elle a un parapluie
jaune.**

## uncle
### l'oncle

My uncle is my dad's
brother.

**Mon oncle est
le frère de
mon papa.**

## under
### sous

There is something
under the bed.

**Il y a quelque
chose sous le lit.**

## until
### jusqu'à

He eats until he is full.

**Il mange jusqu'à ce
qu'il soit rassasié.**

## up
### là-haut

It's scary up here!

**C'est épeurant
là-haut!**

## upon
### sur

The box is upon the
box, upon the box.

**La boîte est sur
la boîte qui est
sur la boîte.**

## upside-down
### à l'envers

He is upside-down.

**Il est à l'envers.**

## us
### nous

Come with us!

**Viens avec nous!**

## to use
### utiliser

He needs to use
a comb.

**Il a besoin d'utiliser
un peigne.**

# V

## vacation
## les vacances

They are on vacation.

**Ils sont en vacances.**

## vacuum cleaner
## l'aspirateur

And here is the vacuum cleaner!

**Et voilà l'aspirateur!**

## van  *See Transportation (page 108).*
## la camionnette  *Voir Les transports (page 108).*

## vegetable
## le légume

He likes vegetables.

**Il aime les légumes.**

## very
## très

It is very cold in there.

**Il fait très froid ici.**

## vest  *See Clothing (page 24).*
## le gilet  *Voir Les vêtements (page 24).*

## veterinarian
## le vétérinaire

A veterinarian helps animals.

**Un vétérinaire aide les animaux.**

## village
## le village

What a pretty village!

**Quel joli village!**

## violin
## le violon

He is playing the violin.

**Il joue du violon.**

## to visit
## rendre visite à

He is going to visit Grandma.

**Il va rendre visite à grand-maman.**

## volcano
## le volcan

Don't go near the volcano!

**Ne t'approche pas du volcan!**

## to wait
## attendre

He is waiting for a bus.

**Il attend l'autobus.**

## to wake up
## se réveiller

He is about to wake up.

**Il est sur le point de se réveiller.**

## to walk
## marcher

It is good to walk.

**Cela fait du bien de marcher.**

## wall
## le mur

John is building a wall.

**Jean construit un mur.**

## warm
## chaud

It is warm by the fire.

**Il fait chaud près du feu.**

## to wash
## laver

It takes a long time to wash some things.

**Cela prend beaucoup de temps de laver certaines choses.**

## wasp  *See Insects (page 52).*
## la guêpe  *Voir Les insectes (page 52).*

## watch
## la montre

Robert is wearing his new watch.

**Robert porte sa nouvelle montre.**

## to watch
## regarder

Peter likes to watch ants.

**Pierre aime regarder les fourmis.**

## water
### l'eau

The pool is full of water.

**La piscine est pleine d'eau.**

## we
### nous

See us? We are all purple.

**Tu nous vois? Nous sommes complètement violets.**

## weather
### le temps

What is the weather like today?

**Quel temps fait-il aujourd'hui?**

## Wednesday
### le mercredi

On Wednesday, we go to work.

**Le mercredi, nous allons au travail.**

## week
### la semaine

Seven days make a week.

**Il y a sept jours dans une semaine.**

## welcome
### bienvenu

We are always welcome at Grandma's house.

**Nous sommes toujours bienvenus chez grand-maman.**

## well
### bien

Thomas builds very well.

**Thomas construit très bien.**

## well
### bien

She is not well.

**Elle n'est pas bien.**

## west
### l'ouest

The sun goes down in the west.

**Le soleil se couche à l'ouest.**

## wet
### mouillé

William is wet.

**Guillaume est mouillé.**

## what
### que

What is outside
the window?

**Qu'y a-t-il de l'autre
côté de la fenêtre?**

## wheel
### la roue

The bicycle needs
a new wheel.

**La bicyclette a
besoin d'une
nouvelle roue.**

## when
### quand

When you sleep, you
close your eyes.

**Quand tu dors
tu fermes les yeux.**

## where
### où

This is where he
keeps his dinner.

**C'est l'endroit où il
garde son dîner.**

## which
### laquelle, lequel

Which one do
you want?

**Laquelle veux-tu?**

## while
### pendant que

I run while he sleeps.

**Je cours pendant
qu'il dort.**

## whiskers
### les moustaches

This animal has
long whiskers.

**Cet animal a de
longues moustaches.**

## to whisper
### murmurer

This animal needs
to whisper.

**Cet animal a besoin
de murmurer.**

## whistle
### le sifflet

They can hear
the whistle.

**Ils peuvent
entendre le sifflet.**

## white    *See Numbers and Colors (page 68).*
### blanc    *Voir Les nombres et les couleurs (page 68).*

## who
### qui

Who are you?

**Qui es-tu?**

## whole
## entier

Can she eat the
whole thing?

**Est-ce qu'elle peut
manger cette chose
en entier?**

## why
## pourquoi

Why is the baby crying?

**Pourquoi le bébé
pleure-t-il?**

## wife
## la femme

She is his wife.

**C'est sa femme.**

## wind
## le vent

The wind is blowing.

**Le vent souffle.**

## window
## la fenêtre

I can see through
the window.

**Je peux voir à
travers la fenêtre.**

## to wink
## faire un
## clin d'oeil

It is fun to wink.

**C'est amusant de
faire un clin d'oeil.**

## winter
## l'hiver

He skis in the winter.

**Il fait du ski
en hiver.**

## wish
## le souhait

The girl has a wish.

**La fille a
un souhait.**

## with
## avec

The cat is dancing
with the dog.

**Le chat danse avec
le chien.**

## without
## sans

He is going without
his sister.

**Il part sans sa soeur.**

## woman
## la dame

My grandmother is a nice woman.

**Ma grand-mère est une gentille dame.**

## wonderful
## merveilleux

They are wonderful dancers.

**Ce sont de merveilleux danseurs.**

## woods
## le bois

Someone is walking in the woods.

**Quelqu'un marche dans le bois.**

## word
## le mot

Do not say a word.

**Ne dis pas un mot.**

## work
## le travail

That is hard work.

**C'est un dur travail.**

## to work
## travailler

She has to work hard today.

**Elle doit travailler dur aujourd'hui.**

## world
## le monde

The world is beautiful.

**Le monde est beau.**

## worried
## inquiet

He looks worried.

**Il semble inquiet.**

## to write
## écrire

Katherine is trying to write with the pencil.

**Catherine essaye d'écrire avec le crayon.**

## wrong
## mauvais

They are putting on the wrong hats.

**Ils mettent le mauvais chapeau.**

## X

### X-ray
**la radiographie**

The X-ray shows his bones.

**La radiographie montre ses os.**

### xylophone
**le xylophone**

He is a great xylophone player.

**C'est un excellent joueur de xylophone.**

## Y

### yard
**le jardin**

There is a dinosaur in our yard.

**Il y a un dinosaure dans notre jardin.**

### yawn
**le bâillement**

What a big yawn!

**Quel gros bâillement!**

### year
**l'année**

He runs all year.

**Il court toute l'année.**

### yellow
**jaune**

*See Numbers and Colors (page 68).*

*Voir Les nombres et les couleurs (page 68).*

### yes
**oui**

Is he yellow? Yes! He is.

**Est-ce qu'il est jaune? Oui, il est jaune!**

### yesterday
**hier**

Yesterday is the day before today.

**Hier est le jour avant aujourd'hui.**

### you
**tu**

You are reading this book.

**Tu lis ce livre.**

### your
**tes**

What color are your eyes?

**De quelle couleur sont tes yeux?**

**zebra**
## le zèbre

You cannot have a pet zebra!

**Tu ne peux pas avoir un zèbre comme animal domestique!**

**zipper**
## la fermeture éclair

The zipper is stuck.

**La fermeture éclair est coincée.**

**zero** *See Numbers and Colors (page 68).*
**zéro** *Voir Les nombres et les couleurs (page 68).*

**zoo**
## zoo

I can see many animals at the zoo.

**Je peux voir beaucoup d'animaux au zoo.**

**zigzag**
## le zigzag

The house has zigzags on it.

**Il y a des zigzags sur la maison.**

**to zoom**
## monter en trombe

A rocket seems to zoom into space.

**La fusée semble monter en trombe dans l'espace.**

**to zip**
## fermer la fermeture éclair

The bee wants to zip her jacket.

**L'abeille veut fermer la fermeture éclair de sa veste**

## A Family Dinner
# Un dîner en famille

Dinner is ready!
It's time to eat.
**Le dîner est prêt!**
**C'est l'heure de manger.**

The chicken and vegetables
look delicious.
**Le poulet et les légumes**
**ont l'air délicieux!**

Here is your napkin.
**Voilà ta serviette.**

Mmmm! They *are* delicious!
**Miam-miam!**
**Ils *sont* délicieux!**

Please, can you pass
the salt and pepper?
**S'il te plaît, peux-tu**
**me passer le sel**
**et le poivre?**

Dinner is great.
Thanks, Mom.
**Le dîner est excellent.**
**Merci, maman.**

You're welcome, dear.
**Merci, ma chérie.**

Do you want
more milk?
**Veux-tu un peu**
**plus de lait?**

No, thank you.
**Non merci.**

May I please be excused?
**S'il te plaît, puis-je sortir**
**de table?**

In a few minutes!
But please help us clear
the table first.
**Dans un moment!**
**Mais d'abord aide-nous**
**à débarrasser la table,**
**s'il te plaît.**

Of course.
**Bien sûr.**

## Meeting and Greeting
# Rencontre et salutations

**Hello!**
**Bonjour!**

**Hi!**
**Salut!**

**How are you?**
**Comment ça va?**

**I am fine, thank you.**
**Bien, merci.**

**What is your name?**
**Comment t'appelles-tu?**

**My name is Maria.**
**What is your name?**
**Je m'appelle Maria.**
**Comment t'appelles-tu?**

**My name is Susan.**
**Je m'appelle Suzanne.**

**What a beautiful day!**
**Quelle belle journée!**

**Do you live near the park?**
**Est-ce que tu habites près du parc?**

**Yes, I live across the street.**
**Oui, j'habite de l'autre côté de la rue.**

Where do you live?
**Où est-ce que tu habites?**

I live on Main Street.
**J'habite la Grand-Rue.**

Do you know what time it is?
**Est-ce que tu sais l'heure qu'il est?**

It is three o'clock.
**Il est trois heures juste.**

Oh, I have to go now.
**Oh, je dois partir maintenant.**

It was nice to meet you.
**Je suis ravie de t'avoir rencontrée.**

Good-bye!
**Au revoir!**

See you soon.
**A bientôt.**

# Word List

## A

à, at, 12
à, to, 105
à côté, by, 20
à l'envers, upside-down, 111
à l'intérieur, inside, 51
à travers, through, 104
abandonner, to quit, 83
abeille (l'), bee, 52
aboyer, to bark, 14
acclamer, to cheer, 23
acheter, to buy, 20
additionner, to add, 7
aéroport (l'), airport, 8
aide, help, 48
aïe, ouch, 73
aimer, to like, 59
aimer, to love, 60
air (l'), air, 7
aller, to go, 42
alligator (l'), alligator, 10
amener, to bring, 19
ami (l'), friend, 40
amour (l'), love, 60
âne (l'), donkey, 32
animal apprivoisé (l'), pet, 78
année (l'), year, 118
anniversaire (l'), birthday, 17
août, August, 12
appareil photo (l'), camera, 21
appartement (l'), apartment, 9
applaudir, to clap, 26
après, after, 7
araignée (l'), spider, 97
arbre (l'), tree, 107
arc-en-ciel (l'), rainbow, 84
argent (l'), money, 64
arrêter, to stop, 98
art (l'), art, 9
aspirateur (l'), vacuum
    cleaner, 112
assez, enough, 35
attacher, to tie, 105
attendre, to wait, 113
attraper, to catch, 23
au revoir, good-bye, 42
au-dessus, over, 73
aujourd'hui, today, 105

aussi, as, 9
aussi, too, 106
autobus (l'), bus, 108
automne (l'), fall, 36
autour, around, 9
autre, other, 73
autruche (l'), ostrich, 72
avant, before, 15
aventure (l'), adventure, 7
avec, with, 116
avion (l'), airplane, 108
avoir, to have, 47
avoir faim, to be hungry, 50
avoir soif, to be thirsty, 104
avril, April, 9

## B

bague (la), ring, 88
baie (la), berry, 16
bâillement (le), yawn, 118
bain (le), bath, 14
baiser (le), kiss, 55
balai (le), broom, 19
balle (la), ball, 13
ballon (le), balloon, 13
banane (la), banana, 13
bas, low, 60
base-ball (le), baseball, 44
basket-ball (le), basketball, 44
bateau (le), boat, 108
bateau à voile (le), sailboat,
    108
bâton (le), stick, 98
batte (la), bat, 14
beau, beautiful, 15
beaucoup, lots, 60
beaucoup, many, 61
beaucoup, much, 65
bébé (le), baby, 13
beurre (le), butter, 20
bibliothèque (la), library, 58
bicyclette (la), bicycle, 108
bien, quite, 83
bien, well, 114
bientôt, soon, 96
bienvenu, welcome, 114
biscuit (le), cookie, 28
blanc, white, 68
bleu, blue, 68

boire, to drink, 33
bois (le), woods, 117
boîte (la), box, 18
boîte aux lettres (la),
    mailbox, 61
boîte de conserve (la), can, 21
bol (le), bowl, 18
bonbons (les), candy, 21
bondé, crowded, 29
bonjour, hello, 48
bottes (les), boots, 24
bouche (la), mouth, 76
bougie (la), candle, 21
boulangerie (la), bakery, 13
boule de neige (la),
    snowball, 95
bouteille (la), bottle, 18
bouton (le), button, 20
bowling (le), bowling, 44
branche (la), branch, 18
bras (le), arm, 76
bric-à-brac (le), junk, 54
brosse à cheveux (la), brush, 19
brosse à dents (la),
    toothbrush, 106
brouillard (le), fog, 39
bruit (le), noise, 67
bruyant, noisy, 67
bruyant, loud, 60
buanderie (la), laundry room, 86
buisson (le), bush, 20
bulle (la), bubble, 19
bureau (le), desk, 31
bureau (le), office, 86
bureau de poste (le), post
    office, 81

## C

ça, that, 102
cache-oreilles (le), earmuffs, 24
cadeau (le), present, 81
cage (la), cage, 21
camion (le), truck, 108
camionnette (la), van, 108
campagne (la), country, 29
canapé (le), sofa, 96
canard (le), duck, 10
caresser, to pat, 75
carotte (la), carrot, 22

carré (le), square, 97
carte (la), card, 22
carte (la), map, 61
casquette (la), cap, 24
casser, to break, 18
castagnettes (les), castanets, 22
ce/cet/cette, this, 104
ce soir, tonight, 106
ceinture (la), belt, 24
célébrer, to celebrate, 23
cent, hundred, 68
cercle (le), circle, 26
cerf (le), deer, 31
cerf-volant (le), kite, 56
cerise (la), cherry, 26
ces/cettes, these, 103
ces/cettes, those, 104
chaise (la), chair, 23
châle (le), shawl, 24
chambre à coucher (la),
    bedroom, 86
chameau (le), camel, 21
changer, to change, 23
chanson (la), song, 96
chanter, to sing, 94
chapeau (le), hat, 24
chaque, each, 34
chaque, every, 35
charmant, nice, 67
charpentier (le), carpenter, 22
chat (le), cat, 22
château (le), castle, 22
chaton (le), kitten, 56
chaud, hot, 49
chaud, warm, 113
chaussettes (les), socks, 24
chaussures (les), shoes, 24
chaussures de sport (les), sneak-
    ers, 24
chauve-souris (la), bat, 14
chemise (la), shirt, 24
chemisier (le), blouse, 24
chenille (la), caterpillar, 52
cheval (le), horse, 10
cheveux (les), hair, 76
chèvre (la), goat, 10
chien (le), dog, 32
chiffre (le), number, 70
chiot (le), puppy, 82
chocolat (le), chocolate, 26

chose (la), thing, 103
ciel (le), sky, 94
cinq, five, 68
cinquante, fifty, 68
cirque (le), circus, 26
ciseaux (les), scissors, 91
citron (le), lemon, 58
classe (la), class, 26
clef (la), key, 55
clochette (la), bell, 16
clôture (la), fence, 37
clou (le), nail, 66
clown (le), clown, 28
cochon (le), pig, 10
coeur (le), heart, 48
coiffeur (le), barber, 14
coin-coin, quack, 83
collant, sticky, 98
collier (le), necklace, 66
comme, like, 59
commencer, to begin, 15
commencer, to start, 98
comment, how, 50
commissariat de police (le),
    police station, 80
compter, to count, 28
conduire, to drive, 33
confiture (la), jam, 54
content, glad, 41
coq (le), rooster, 10
costume (le), suit, 99
côté (le), side, 93
cou (le), neck, 76
couper, to cut, 29
courageux, brave, 18
courir, to run, 89
courrier (le), mail, 61
course (la), race, 84
course à pied (la), running, 44
couteau (le), knife, 56
couverture (la), blanket, 17
craie (la), chalk, 23
cravate (la), tie, 24
crayon à papier (le), pencil, 75
crayon pastel (le), crayon, 29
crème glacée (la), ice cream, 51
creuser, to dig, 31
crier, to shout, 93
croire, to believe, 16
cuillère (la), spoon, 97
cuisine (la), kitchen, 86
cuisiner, to cook, 28

# D

dame (la), woman, 117
danger (le), danger, 30
dans, in, 51
dans, into, 51
danser, to dance, 30
dauphin (le), dolphin, 32
de, of, 71
décembre, December, 30
décision (la), decision, 30
décorations (les), decorations, 30
dehors, out(side), 73
déjà, already, 8
déjeuner (le), lunch, 60
demain, tomorrow, 106
demander, to ask, 12
déménager, to move, 65
dent (la), tooth, 76
dentiste (la), dentist, 31
dernier (le), last, 57
derrière, behind, 16
descendre, down, 32
désolé, sorry, 97
désordonné, messy, 63
désordre (le), mess, 63
dessin (le), drawing, 33
dessiner, to draw, 33
deux, two, 68
devant, front, 40
deviner, to guess, 46
différent, different, 31
difficile, difficult, 31
dimanche (le), Sunday, 100
dîner (le), dinner, 31
dinosaure (le), dinosaur, 31
dire, to say, 91
dire, to tell, 102
dix, ten, 68
dix-huit, eighteen, 68
dix-neuf, nineteen, 68
dix-sept, seventeen, 68
docteur (le), doctor, 32
doigt (le), finger, 76
donner, to give, 41
donner un coup de pied, to
    kick, 55
dormir, to sleep, 94
dos (le), back, 13
douze, twelve, 68
dragon (le), dragon, 33
drapeau (le), flag, 38
droit, right, 85
drôle, funny, 40
dur, hard, 47

# E

eau (l'), water, 114
échapper, to drop, 33
écharpe (l'), scarf, 24
échelle (l'), ladder, 57
éclair (l'), lightning, 59
école (l'), school, 91
écouter, to listen, 59
écrire, to write, 117
écureuil (l'), squirrel, 97
édredon (l'), quilt, 83
éléphant (l'), elephant, 10
elle, she, 92
elles, ils, they, 103
en face, across, 7
en plein air, outdoors, 73
encore, again, 7
enfant (l'), child, 26
énorme, huge, 50
enseigne (l'), sign, 93
ensemble, together, 106
ensoleillé, sunny, 100
entendre, to hear, 76
entier, whole, 116
entre, between, 16
envoyer, to send, 92
épicerie (l'), groceries, 46
escargot (l'), snail, 95
essayer, to try, 110
est (l'), east, 34
estomac (l'), stomach, 76
et, and, 8
étang (l'), pond, 80
été (l'), summer, 100
étoile (l'), star, 98
étrange, strange, 99
être, to be, 14
être debout, to stand, 98
étudiant (l'), student, 99
excité, excited, 35

# F

fabriquer, to build, 19
fâché, mad, 61
facteur (le), mail carrier, 61
faire, to do, 32
faire, to make, 61
faire de la bicyclette,
    biking, 44
faire des achats, to shop, 92
faire des tours, (to do) tricks, 107
faire du cheval, to ride, 85
faire mal, to hurt, 50

faire un clin d'oeil, to wink, 116
falloir, to need, 66
famille (la), family, 36
fatigué, tired, 105
favori, favorite, 37
femme (la), wife, 116
fenêtre (la), window, 116
fermer, to close, 27
fermer à clef, to lock, 60
fermer la fermeture éclair, to
    zip, 119
fermeture éclair (la),
    zipper, 119
fête (la), party, 75
feu (le), fire, 37
feuille (la), leaf, 57
février, February, 37
fier, proud, 82
fille (la), girl, 41
film (le), movie, 65
finir, to end, 35
fleur (la), flower, 39
flûte (la), flute, 39
football (le), soccer, 44
four (le), oven, 73
fourchette (la), fork, 39
fourmi (la), ant, 52
fraise (la), strawberry, 99
frapper, to hit, 49
frapper, to knock, 56
frère (le), brother, 19
froid, cold, 28
fromage (le), cheese, 23
frotter, to rub, 89
frotter, to scrub, 91
fruit (le), fruit, 40
fumée (la), smoke, 95

# G

gagner, to earn, 34
gants (les), gloves, 24
garage (le), garage, 86
garçon (le), boy, 18
garder, to keep, 55
gâteau (le), cake, 21
gauche, left, 58
genou (le), knee, 76
genoux (les), lap, 57
gens (les), people, 78
gentil, good, 42
gentil, kind, 55
gilet (le), vest, 24
girafe (la), giraffe, 10
glace (la), ice, 51

# S

s'amuser, fun, 40
s'asseoir, to sit, 94
s'en aller, away, 12
s'il te plaît, please, 80
sa, son, her, 48
sable (le), sand, 90
sable, tan, 68
sablonneux, sandy, 90
sac (le), bag, 13
sac à main (le), purse, 82
saisir, to grab, 43
salade (la), salad, 90
sale, dirty, 32
salle à manger (la), dining room, 86
salle de bain (la), bathroom, 86
salle de classe (la), classroom, 27
salle de jeux (la), playroom, 86
salon (le), living room, 86
salut, hi, 48
samedi (le), Saturday, 90
sandwich (le), sandwich, 90
sans, without, 116
saucisse (la), sausage, 90
sauter, to hop, 49
sauter, to jump, 54
sauterelle (la), grasshopper, 52
savoir, to know, 56
savon (le), soap, 96
scarabée (le), beetle, 52
scie (la), saw, 91
se cacher, to hide, 48
se décider, to decide, 30
se dépêcher, to hurry, 50
se disputer, to quarrel, 83
se mettre d'accord, to agree, 7
se rappeler, to remember, 85
sec, dry, 33
secret (le), secret, 91
seize, sixteen, 68
sel (le), salt, 90
semaine (la), week, 114
sentir, to feel, 37
sentir, to smell, 76
sept, seven, 68
septembre, September, 92
serpent (le), snake, 10
serrer dans ses bras, hug, 50
serviette (la), towel, 106
seule, only, 72
siège (le), seat, 91
sifflet (le), whistle, 115
signifier, to mean, 62

silencieux, quiet, 83
singe (le), monkey, 10
six, six, 68
ski (le), skiing, 44
soeur (la), sister, 94
soigner, to care, 22
soixante, sixty, 68
soixante-dix, seventy, 68
sol (le), floor, 38
sol (le), ground, 46
soleil (le), sun, 100
sombre, dark, 30
sommet, top, 106
sonner, to ring, 88
sorte (la), kind, 55
soudain, suddenly, 99
souffler, to blow, 17
souhait (le), wish, 116
soupe (la), soup, 97
sourire (le), smile, 95
souris (la), mouse, 65
sous, under, 111
sous-sol (le), basement, 86
spécial, special, 97
spectacle (le), show, 93
station de pompiers (la), firehouse, 38
stylo (le), pen, 75
sud (le), south, 97
sur, on, 71
sur, upon, 111
sûr, sure, 100
surprise, surprised, 100

# T

table (la), table, 101
tambour (le), drum, 33
tambourin (le), tambourine, 101
tante (la), aunt, 12
taper, to pound, 81
tapis (le), rug, 89
tard, late, 57
tarte (la), pie, 79
tasse (la), cup, 29
tatou (le), armadillo, 9
taxi (le), taxi, 108
téléphone (le), telephone, 102
téléphoner, to call, 21
télévision (la), television, 102
tellement, so, 96
tempête (la), storm, 99
temps (le), time, 105
temps (le), weather, 114
tenir, to hold, 49

tennis (le), tennis, 44
tente (la), tent, 102
termite (la), termite, 52
terrain de jeux (le), playground, 80
terrasse (la), deck, 86
terrible, terrible, 102
tes, your, 118
tête (la), head, 76
tigre (le), tiger, 105
timbre (le), stamp, 97
timide, shy, 93
tirelire (la), piggy bank, 14
tirer, to pull, 82
toit (le), roof, 88
tomate (la), tomato, 106
tomber, to fall, 36
tonnerre (le), thunder, 104
tortue (la), turtle, 110
tôt, early, 34
toucher, to touch, 76
tourner, to turn, 110
tournesol (le), sunflower, 100
tout, everything, 35
tout le monde, everyone, 35
toutes, all, 8
trace (la), track, 107
train (le), train, 108
travail (le), job, 54
travail (le), work, 117
travailler, to work, 117
trébucher, to trip, 107
treize, thirteen, 68
trente, thirty, 68
très, very, 112
triangle (le), triangle, 107
tricot (le), sweater, 24
triste, sad, 90
trois, three, 68
trompette (la), trumpet, 110
trottoir (le), sidewalk, 93
trou (le), hole, 49
trouver, to find, 37
tu, you, 118
tulipe (la), tulip, 110

# U

un, one, 68
un/une, a/an, 7
un jour, someday, 96
une fois, once, 72
usine (l'), factory, 36
utiliser, to use, 111

# V

vacances (les), vacation, 112
vache (la), cow, 10
vaisselle (la), dish, 32
valise (la), suitcase, 99
vendre, to sell, 92
vendredi (le), Friday, 40
venir, to come, 28
vent (le), wind, 116
ventilateur (le), fan, 36
véranda (la), porch, 86
verre (le), glass, 42
vert, green 68
veste (la), jacket, 24
vétérinaire (le), veterinarian, 112
viande (la), meat, 62
vide, empty, 34
vie (la), life, 58
vierge, blank, 17
vieux, vieille, old, 71
village (le), village, 112
ville (la), city, 26
ville (la), town, 107
vingt, twenty, 68
violet, purple, 68
violon (le), violin, 112
visage (le), face, 76
vite, fast, 36
voir, to see, 76
voisin (le), neighbor, 66
voiture (la), car, 108
volcan (le), volcano, 112
voler, to fly, 39
voyage (le), trip, 107
vrai, real, 85
vraiment, really, 85

# W/X

xylophone (le), xylophone, 118

# Y/Z

zèbre (le), zebra, 119
zéro, zero, 68
zigzag (le), zigzag, 119
zoo, zoo, 119